PARANİN YALANLARİ:

KİM OLUYORSUNUZ?

DR. LİSA COONEY

ÖVGÜLER

Tek kelimeyle, mükemmel!

Dr. Cooney, şefkatli ve faydalı yöntemleri olan olağanüstü bir terapist. Yardıma ihtiyacı olan herkes için mükemmel bir kaynak ve aynı zamanda bağımlılıktan kurtulmada harika bir rehber.

Dr. Lisa, aradığım ve bir terapistte ihtiyaç duyduğum her şeye sahip. Mücadele etmem gerektiğinde beni zorluyor, bir dinleyiciye ihtiyacım olduğunda dinliyor ve ilerleme kaydettiğimden emin olmak için seanslar arasında beni kontrol ediyor. Ayrıca seanslarımıza yaklaşımını bireysel ihtiyaçlarıma göre şekillendirdiği hissine kapılıyorum, bu da ona güvenmemi sağlıyor ve tavsiyelerine kulak vermeme vesile oluyor.

Dr. Lisa (daha yaygın adıyla), ister geleneksel konuşma terapisi ister alışılmışın dışında bir yaklaşım fark etmeksizin her bir danışanı için tam olarak ihtiyaç duyduğu şeyi sunma becerisine sahip yetenekli bir terapist/şifacı/uygulayıcı. Kendisi muhteşem bir dinleyici, empatisi yüksek, sezgisel ve sempatik biri. Anlattıklarınızı sizinle birlikte hissediyor. Gerçekten anlamaya çalışıyor.

Dr. Cooney çok dikkatli ve terapinin değer bulması için nasıl yapılandırılması gerektiğine dair beklentilerime uygun bir terapi formatı sunuyor. İstediğim sonuçları ve geçmişte benim için işe yarayan şeyleri dinledi ve seanslarımıza yaklaşımını bu isteklere uyacak şekilde düzenledi. Arada bir seanslarımız arasında kontrol amaçlı olarak beni takip ediyor ve kaç hastayla görüşmesi gerektiği düşünüldüğünde bu benim için çok değerli. Ayrıca, planlanan seansımızdan birkaç gün önce bir anlaşmazlık yaşadığımda programını bana uyacak şekilde değiştirdi ve ilerlememden geri kalmamam için hızlı bir şekilde yeniden planlanmasını sağladı. Genel olarak, Dr. Cooney'i profesyonellik/bireyselleştirme kombinasyonu ve üzerine konuşma istediğim konulardaki belirgin uzmanlığından dolayı şiddetle tavsiye ederim.

Dr. Lisa empati sahibi, anlayışlı ve inanılmaz derecede etkili biri. Bir terapistle hiç bu kadar iyi iletişim kurmamıştım. Beni ne kadar iyi ve ne kadar hızlı anlayabildiğine ve bana yardım edebildiğine şaştım kaldım. Onu ne kadar tavsiye etsem azdır, hayatımı iyileştirmeme gerçekten yardımcı oldu.

TEŞEKKÜR

Beni bu Paranın Yalanları atölyesini kendi ülkelerinde düzenlemeye davet eden tüm kültürlere, ülkelere ve insanlara teşekkür ederim. Dilinizde, ülkenizde ve parayla olan ilişkinizde ileriye ve geriye doğru değişimi kolaylaştırmak benim için büyük bir onurdu. Kültürel ve etnik finansal kafeslerimizden kurtulmak, kendi finansal gerçekliğinizi yaratmak kadar önemlidir. Her ne şekilde olursa olsun istismarın bu gezegende yeri yoktur. Buna, paranızla başkası gibi davranarak, kendiniz hakkında başka şeyler düşünerek ve size asla uymayan anlatıları satın alarak kendinize yaptığınız istismar da dahildir. Kendinizi değiştirdiğinizde etrafınızdaki dünyayı da değiştirmiş olursunuz.

Şimdi gidin ve evrenin vermeye dünden hazır olduğu şeyi alın. Alın, ne olursa olsun! Hodri meydan...

Bu kitap, para ile boğuşan herkese ithaf edilmiştir.

Sahip olduğunuz borcun ya da içinde bulunduğunuz finansal kaygının asla içinden çıkamayacağınız koca bir kara delik olduğunu düşünen herkes içindir.

Kendini kaybolmuş, afallamış, durağan, dehşete düşmüş ve finansal gerçekliğinizi değiştirmeye mahkûm hisseden herkes için, bu sözleri size yol gösterecek bir fener olarak paylaşıyorum. Başka bir yol var.

Arzuladığınız hayata sahip olabilirsiniz.

İstediğiniz parayı, nakdi, yatırımları ve tatilleri yaratabilirsiniz.

Kendinizi Seçin

Kendinizi Adayın

Sizi Kutsamak İsteyenlerle İş Birliği Yapın

Kendinizi Yaratın

GİRİŞ

Şu anda elinizde bir altın madeni var.

Ya da en azından bir nakit para veya para yığınının üzerinde – hangisini isterseniz – çünkü dünya çapındaki binlerce danışanımla keşfettiğim kadarıyla, arada bir fark var.

Ancak bu kitap sadece para ile ilgili değildir... Paranın yalanları ile ilgilidir.

Ve dürüst olmak gerekirse, bu yalanların derinine inmezseniz onlar sizi bir direğin ucundaki ipe bağlı olarak aynı yörüngede tekrar ve tekrar dönüp duran bir top gibi sınırlarlar.

Bu sizi şaşırtabilir ama paranın yalanları gerçek nakit ve para ile ilgili değildir, "para akışınızı" ya da – eksikliğini – yaratmak için şu anda kullandığınız banka hesabınızdaki, portföyünüzdeki, yatırımlarınızdaki, çek defterinizdeki ve cüzdanınızdaki her şeyle ilgilidir.

Başka bir deyişle, her şeyi sizin finansal gerçekliğiniz olarak gerçekleşir.

Bu kulağınıza büyük bir yükün altına girmek gibi mi geliyor, ya da sizi bunaltıyor mu?

Eğer öyleyse, siz de bu çalışmalara canlı olarak katılan diğerleri gibi yeni bir finansal gerçekliği yaratmaya başlamak için tek gerekenin 1 derecelik bir değişim olduğunu keşfetmenin zevkini yaşayacaksınız.

Bunu siz dahil herkes yapabilir.

Göreceğiniz gibi, bir kez bu gerçekliğe girip baktığınızda yalanlar ve sınırlamalar kafesi paramparça olmaya başlayacaktır.

İşte o zaman gerçek kendini gösterir.

Peki, bunun para ile ne ilgisi var?

Çünkü para da diğer her şey gibi bir enerjidir. Biz enerjiden oluşuruz. Bedenimizin her hücresinde ATP, Adenozin Trifosfat vardır. Bu ruh enerjisi, ruh izimizin enerjisidir.

Biz bir formda geliyoruz. Para bir formda geliyor.

Hepimiz enerjiyiz ancak bu yalanlarla parayı kendimizce farklı kılıyoruz.

Sorun para değil, sorun biziz!

Bunun, ona sahip olun ya da olmayın, dışarıyla hiçbir ilgisi yoktur. Aksine inanç sistemlerinizle ve içinizde ne olduğuyla ve onunla ne yaptığınızla, onun hakkında ne düşündüğünüzle, ona ne yansıttığınıza, onun sizin için ne anlama geldiğiyle veya onunla kendinizi nasıl tanımladığınızla ilgisi vardır.

Bu kitap ülkenin farklı yerlerinde gerçekleşen altı "tadım– lık" sınıfın kayıtlarının derlemesinden oluşur. Her birisi kendi içinde tam birer atölye çalışmasıdır. Kavram ve araçları aynı olmakla birlikte her birisi eşsiz bir şekilde farklıdır.

Ve bunun çok iyi bir sebebi vardır... Çünkü insanlar eşsizdir.

Aynı zamanda kişiler arasında, onların aileleri ve kültürleri arasında kuşaktan kuşağa sinsice dolaşan ve paranın yalanlarını oluşturan benzerlikler vardır.

20 yıllık bireysel çalışmalarımda, grup çalışmalarımda ve uluslararası çalışmalarımda para insanların bana gelmelerindeki üç temel nedenden birisiydi (diğer ikisi sağlık ve ilişkiydi).

Danışanlarımda parayı yaratmamaktan ziyade asla elde tutamamak veya sahip olamamak şeklinde ortaya çıkan benzer döngüler olduğunu fark etmeye başladım.

Diğerleri para yaratamadıklarını hissediyor ve bu sebeple onu yaratamıyor ve sahip olamıyorlardı.

Korkarım ki eğer siz bu kitabı okursanız, bu sayfalar arasında kendi tecrübelerinizi de bulacak ve sonuç olarak kendi 1 derecelik değişiminizi başlatacaksınız ki ben o zaman görevimi yerine getirmiş olacağım.

Çünkü günün sonunda paranın yalanları gerçekten de şu üç soru ile yüzleşmekle ilgilidir:

- *Kim oluyorum?*
- *Ne oluyorum?*
- *Gerçek yaptığım hangi yalanı satın alıyorum?*

Bana güvenin, bu, zayıflar için değildir.

Bu, kendi – *ROAR* adını verdiğim – Radikal Orgazmik Canlılıkta yaşamaya hazır olanlar içindir.

Bu içinizdeki yaramaz *ROAR*'un seslenişidir; "Yeter. Bir daha asla bu yalanların ardına saklanmayacağım."

Ve gerçekten değmez. Öyleyse gidin ve sizin olan parayı alın...

Çünkü elinizdeki para dünyayı değiştirecek.

1

SIFIRI GÖRMEK

Paranın Yalanları konulu bir atölye çalışması için gittiğim Maui'deki canlı dinleyicilerime "Bu gece size Paranın Yalanları'nın sadece küçük bir tadına baktıracağım" dediğimi hatırlıyorum. Bu deneyim için gelen tüm insanlar için travma, yargılama, kendini yargılama ve çok daha fazlasının katmanlarını dökmeye çalıştığımız beş günlük uzun ve titiz bir atölye çalışmasıydı. İnsanların size güvenmesi ve en derin yaralarının sizin erdeminizle iyileşmesini beklemesi büyük bir ayrıcalık ve büyük bir sorumluluktur. Bu atölye çalışmasının hikâyesini paylaşmak, siz okuyucu kitlemle bağlantı kurmamı sağlayan bir başka nimet. İşte başlıyoruz...

Para hakkında konuşmak gariptir, çünkü bu, sıkışıp kalmışlık enerjisini beraberinde getirir. Paranın üç ana yalanı vardır ve bunlara dikkatinizi verdiğinizde, aslında siz olmayan finansal gerçekliği yaratanın içinizdeki bu varsayımlar olduğunu göreceksiniz.

Ama siz bu varsayımların sizi oluşturduğuna inanıyorsunuz.

Pekâlâ, bu bir an için aklınızı kurcalayabilir ve kendinizi kaybolmuş hissedebilirsiniz.

Bunu okurken zihninizin genişleyeceğini umuyorum, çünkü hepimizin para konusu etrafında kendimize yaptığımız şey aslında yaratıcı olağanüstü parlaklığımızı radikal olarak yok etmektir.

Peki, bu gerçeklikte para size ne verir? Özgürlük veriyor mu? İyi bir seçim yapmanıza olanak tanıyor mu? Size lüks bir şey veriyor mu? Başka ne veriyor? Mutluluk mu?

Muhtemelen size güvenlik, eğlence, lüks ve benzeri şeyler sağladığını düşünüyorsunuz. Maui'deki katılımcılarım da böyle dedi.

Gerçekten de bu gerçeklikte her şey para, fakat pek çok insan pek çok farklı yalan yüzünden parayı kendilerinden uzak tutuyor. Cebinizde bir delik gibi olan bu yalanlardan üçüne değineceğim.

Şimdi, parayı gözünüzde canlandırın. Şahsen ben paramı cüzdanımda güvenle saklarım, genellikle yüz dolarlık banknotlarla birlikte, hepsi 14 ayar altın bir para klipsiyle bir arada durur. Oldukça ağırdır – rüzgâr bile uçuramaz.

Güvenli bir şekilde tuttuğum bu paraya baktığımda beni mutlu ediyor. Onu elimde tuttuğumda kendimi güçlü hissediyorum. Yaratıcı hissediyorum. Biraz alışveriş yaptığımda ve paranın bir kısmını kullandığımda moralim yükseliyor.

Bu parayı cüzdanımda tuttuğumda, her şeyin mümkün olduğunu biliyorum. Aynaya baktığımda, her şeyin mümkün olduğunu biliyorum. Okyanusa baktığımda, her şeyin mümkün olduğunu biliyorum.

Ancak çoğumuz paraya bakıyor ve ona sahip olmadığımız sürece her şeyin imkânsız olduğuna inanmayı seçiyor.

İşte bu, paranın ilk yalanıdır: Çoğumuz bu kâğıt parçasının üzerimizde bir gücü olduğuna, bizden daha güçlü, bizden daha fazla olduğuna inanıyoruz. Üzerimizde otoritesi olduğuna. Bize sahip olduğuna.

Şu anda onu nasıl gördüğünüze bir bakın. Şu anda ona bakarken bedeninizde ne gibi hisler ortaya çıktığına dikkat edin. Zihninizi ve onu gördüğünüzde aslında ne söylediğinizi dinleyin:

- *Ne düşünüyorsunuz?*

- *Neyi yargılıyorsunuz?*
- *Neye karar verdiniz?*
- *Ne sonuca vardınız?*
- *Ne hesapladınız? Ve...*
- *Paranın, ona sahip olmak için önünde eğilmeniz ve bağlılık yemini etmeniz gereken bu gerçekliğin tanrısı olduğuna nasıl karar vermiş olabilirsiniz?*

Bu bir yalan.

Bu gerçeklikte buna sahip olmak için yapmanız ya da olmanız gereken hiçbir şey yok. Sadece sizin için doğru olanı yapmayı ya da olmayı seçmeniz yeterlidir. İşte paranın ilk yalanı budur.

İkinci yalan şöyle bir şeydir: Diyelim ki paranızı ilişki terapisine götürdünüz. Parayı sandalyeye koydunuz – sizin de kendi sandalyeniz var – ve terapist sizi ve paranızı birbirinizle olan ilişkiniz hakkında "ben" mesajlarını kullanarak bir konuşma yapmaya yönlendiriyor.

Paranız sizinle konuşsaydı, ne söylerdi? Sizin tarafınızdan ne kadar iyi muamele görürdü? Kanepede uyutulan bir eş mi olurdu? Ve bu nedenle gerçekten sevgiliniz olmaz mıydı?

Sizi terk eden ve sizinle birlikte olmak yerine arkadaşlarıyla takılmak için bara gitmeyi tercih eden kişi mi olurdu? Yoksa sizi terk eden ve onunla olmak yerine arkadaşlarıyla takılmak için bara giden siz mi olurdunuz? Paranın sevgiliniz olabileceğini düşünebiliyor musunuz?

Konuşacağımız ikinci yalan da bu; paranın sizin yöneticiniz, hapishaneniz olduğu ve sizin de onun kölesi olduğunuz yalanı. Ve ona sahip olmadığınız sürece, şu anda seçtiklerinizin ötesini seçemeyeceğiniz yalanı. İhtiyacınız olan şeyi size asla vermeyeceği yalanı.

Bu yalanda, onu her zaman eleştireceksiniz. Her zaman şüpheci olacaksınız. Ona asla güvenmeyeceksiniz. Onu aldatmak isteyeceksiniz. Onunla alem yapmak isteyeceksiniz. Onu asla saklamayacaksınız. Asla sahip olamayacaksınız. Her zaman harcayacaksınız. Asla kendinizi onunla çevrelemeyi seçmeyeceksiniz.

Tüm bunların bir temasının olduğunu fark ettiniz mi? Bu tema her birimizin içinde, her birinizin içinde.

Yani ilk yalan, paranın tanrı olduğu ve sizin ondan daha az olduğunuzdur. İkinci yalan ise paranın sizin yöneticiniz, ebedi hapishaneniz olduğu ve ona sahip olamayacağınızdır.

Peki üçüncü yalan nedir? Tahmin edebilir misiniz?

Atölye çalışmamda bu soruyu sorduğumda, tüm katılımcıların kendilerine özgü cevapları vardı ve hiçbiri yanlış değildi. Yani, 'Asla yeterince paranız olmaz' gibi şeyler söylediler.

"Para kötüdür.

"Para için çok emek vermek gerekir.

"Para bana aşkı satın alamaz.

Ve bunların hepsi, bunu hisseden insanlar için yüzde yüz doğru ve gerçektir ve bu gerçeklikte doğru olan şeylerdir. Bu yalanlar tüm inanç sistemlerini oluşturur. Bunlar yargılardır. Banka hesaplarımız, ilişkilerimiz, bedenlerimiz, işlerimiz, ev işlerimiz, kıyafetlerimiz ve aradaki her şey dahil olmak üzere, karar verdiğimiz, yargıladığımız, sonuca vardığımız, hesapladığımız ve gerçekliğimizi etrafında yapılandırdığımız şeylerdir.

Ne zaman Hawaii'ye gidebileceğimizi ne zaman gidemeyeceğimizi, Whole Foods ya da Safeway'e gidebildiğimizde ne yiyeceğimizi onlar belirler.

Ama hepsi inanç sistemlerinden ibarettir.

Üçüncü yalan ise *paranın bir sorun olduğudur*.

Sorun para değil, biziz. Onun hakkında ne düşündüğümüz, ona ne yüklediğimiz, bizim için ne anlama geldiği, ona sahip olsak da olmasak da kendimizi neyle tanımladığımızdır.

Bunlar paranın tüm yalanları değildir, ancak kişisel yolculuğum boyunca bana çok net bir şekilde gelen üç para yalanıdır. Ve bu kitabın özünü oluşturan şeylerdir.

2

______

DİBE VURMAK

Beni konuşurken görmüş ya da hiç görmemiş olsanız da genellikle ne hakkında konuşacağıma dair bir taslakla başladığımı ve dersten yaklaşık on dakika önce bunu çöpe attığımı biliyorsunuzdur çünkü gelen ve ortaya çıkan şeyin enerjisiyle bağlantı kuruyorum.

Bedenlerin, varlıkların – tüm katılımcıların enerjisinin – duyabileceklerini ve duymak isteyebileceklerini dinliyorum. Bu, en azından benim için, ortaya çıkarabileceğim herhangi bir taslaktan daha önemlidir. Ve sonra her zaman, atmış olsam bile, yapı ve tutarlılık adına onu tekrar bağlıyorum.

Peki, bunu nasıl yapıyorum? Bunun bir kısmı psikoloji doktoru ve terapist, travma ve somatik uygulayıcısı olarak sahip olduğum lisans ve unvanlardan kaynaklanıyor. Uluslararası seyahat ediyorum, bir radyo programım var ve dünyanın her yerinde atölye çalışmaları – beden çalışması, enerji çalışması – yapıyorum.

Ancak bir sınıfa girip, taslağımı bir kenara bırakıp, odada ne varsa onunla konuşabilmemi sağlayan birkaç şey daha var – ve bu da enerjiyle ilgili. Nasıl sorusuna yanıt vermek için, bende silinmez izler bırakan birkaç şeyi sizinle paylaşacağım.

Yaklaşık 15 yıl önce bana hayatımı tehdit eden bir hastalık teşhisi kondu. İşte o zaman parayla ilgili büyük bir sorunum olduğunu fark ettim. Eğer hastalanırsanız, ABD'deki sağlık hizmetinizin naturopatik seçimlerinizi karşılamadığını göreceksiniz. Emekliliğinizi, evinizi, yatırımlarınızı, portföyünüzü ve daha fazlasını kolayca nakde çevirebilirsiniz. Ben de tam olarak bunu bilinçli bir şekilde yapmayı seçtim ve hâlâ buradayım.

Bana bu teşhis ilk konulduğunda, doktorlar yapabileceğim en iyi şeyin hayatımın geri kalanında ilaçlarla yaşamak olduğunu ve oraya girdiklerinde bir ya da iki, belki üç ya da dört organımı kesmek zorunda kalacaklarını söylediler. Kim bilebilirdi ki? Bana üç seçenek sundular: Hastalığı yok etmek, ilaçlarla yaşamak ya da aldırmak.

O zamanlar 30 yaşlarındaydım ve endokrinoloğa "Başka bir seçenek olmalı" dedim.

Bu endokrinoloğu asla unutmayacağım, çünkü kendisi hayatımda fiziksel, duygusal, ruhsal, finansal ve enerjisel olarak iyileşmek, değişmek ve farklı seçimler – farklı olasılıklar – yapmak için enerjisel yollara başvurmamın ana nedenlerinden biriydi.

Bana başka seçeneğim olmadığını söyledi. Başka bir şey mümkün değildi.

Ben de oradan ayrıldım ve ona bir daha gitmedim, bu da beni üç ay boyunca kaldığım Theta Healing® Enstitüsü'ne (şu anda Montana'da) götürdü.

Üç hafta içinde hastalığım iyileşti. Bedenimi tüm sorunlardan arındırmak biraz daha uzun sürdü. Bunun nedeni enerji şifası ve doğal tıbbın tüm bedene bütünsel olarak bakmasıydı.

Öte yandan, endokrinolog sadece endokrin sistemi ve bedenin ilgili birkaç organ ve sistemini incelemek için allopatik tıbbı kullanır. Endokrinologlar ya da allopatik tıp hakkında illa ki kötü konuşmuyorum. Ben hâlâ onları kullanıyorum. Bu sadece benim deneyimim.

Bu seçimi yaptığımda ve enerjiyle neler olabileceğini gördüğümde, bu hayatta enerjik olarak devam eden başka bir şey olduğunu biliyordum. Böylece tüm pratiğimi psikoloji ve haftalık seanslardan oluşan geleneksel bir terapi doktoru olmaktan çıkarıp daha çok grup kolaylaştırma, enerji çalışması, enerji şifası ve bedende rahatsızlık ve hastalık yaratan inanç sistemlerine ve psikolojik ve ruhsal olarak düşündüklerimizin sınırlamalarına girme seçimini yaptım.

Peki, tüm bunların parayla ilgisi nedir?

Daha fazla para kazanmam gerekiyordu. Tamamen iyileşmek bana yaklaşık bir milyon dolara mal oldu. Çok hastaydım. Muhtemelen haftada iki ya da üç kez, günde sekiz saat Naturopath'ın ofisindeydim, bunun için test yaptırıyordum. İğneler, serumlar, ne varsa. Aynı zamanda yüksek lisans diplomamı almak için enstitüye gidiyordum – çünkü tabii ki başka bir diplomaya ihtiyacım vardı.

Ama tüm bu süre boyunca, bu faturanın birikmeye devam ettiğini ve emeklilik paramın azaldığını gördüm. Yaptırmak istediğim evin ve arazinin, planımın ve hayatım için belirlediğim her şeyin 30 yaşında paramparça olmaya başladığını gördüm. Sonumun geldiğini düşündüm.

Ve sonra gerçek son geldi... Sıfır.

Neyi kastettiğimi biliyor olabilirsiniz.

Evet, banka hesabımdaki para.

O 'sıfır' noktasına ulaştım ve dehşete kapıldım. Ben New York'ta büyüdüm. Babam emlak işindeyken gerçekten çok sıkı çalıştı. Bizi üniversiteye gönderdi. Her zaman bir işimiz vardı. Her zaman çalıştık. Her zaman kendi paramız vardı. Her zaman öğrendik. Bize nasıl birikim yapacağımızı, ne yapacağımızı, tüm bunları o öğretti.

'Sıfır' kavramına aşina değildim... hem de hiç.

Dokuz yaşımdan beri çalışıyorum. Küçükken gazete dağıtmayı çok severdim. Annemin ahşap renkli bir station arabası vardı ve bizi bir sürü yere götürürdü. Her neyse, eğlenceliydi. Ve yılbaşını çok severdim. Bilirsiniz, Noel bahşişleri hoştu.

Paranın kokusuna bayılıyorum. Paranın tadına bayılıyorum. Kelimenin tam anlamıyla tadına bakar ve kokusunu alırdım. Üniversitedeyken yazları bankada çalışırdım; her Cuma kasaya girerdik. Orada oturur, parayı koklardım.

Babam bir girişimciydi. Ben de bir girişimciyim. Yirmi küsur yaşımdan beri hiç kimse için çalışmadım. Bana gençliğimde şöyle demişti: "Lisa, bu dünya sadece erkeklerin değil. Aynı zamanda kadınların. Sadece sevdiğin işi yap. Her zaman kendin için çalış. Kendi patronun ol ve milyonlar kazan."

Babam Brooklyn'li yoksul bir çocuktu. Üniversitede futbol bursu kazandı, sonra orduya girdi ve o şekilde de eğitim aldı. İkinci kuşak İrlandalı bir göçmendi.

Annem ikinci nesil İtalyan göçmeniydi. Çok emek vermek kültürlerinin bir parçasıydı. Eğitim kültürlerinin bir parçasıydı. Hepsi New York'ta çalışıyordu, bu tür şeyler.

Esasen Kaliforniya'ya gittim ve Birkenstocklarımı giydim ama para benim aşkımdı. Parayla bir aşk ilişkim vardı. Nasıl koktuğunu biliyor musunuz? Tadının nasıl olduğunu? Para ile ilgili çok hoşuma giden bir şey vardı. Ve ben bunu gerçekten babama bağlıyorum. Bana anlaşma yapmanın, sözünü tutmanın ve başkalarıyla iş birliği yapmanın gücünü gösterdi.

Bir zamanlar on altı ya da on yedi farklı apartmanı vardı. Benim işim parayı saymak ve bodrum katındaki ofisinde masanın üzerine para yığınları hâlinde koymaktı. Başka bir şey yapmak istemedim. Başka bir yere gitmek istemedim. İnsanlar gidip oynayabilir. Giyinip süslenebilirler. Alışveriş merkezine gidebilirler, ne halt istiyorlarsa yapabilirler ama ben paranın yanında olmak istedim. Kokusunu, tadını almak istedim. Kendi etrafıma paradan bir duvar örebilseydim eğer, bunu yapardım.

Sonra otuz yaşıma geldim ve banka hesabımda hiçbir şey yoktu.

Böyle devam ederse nerede yaşayacaktım? Ne yiyecektim? Anneme ne diyecektim? Babama nasıl anlatacaktım?

Özellikle de aynada kendime nasıl bakacaktım? O noktada yüksek lisans derecem vardı. Arizona'da bir tedavi merkezinin terapi koordinatörüydüm. Kendimi biraz toparlamıştım.

Sonra hastalandım.

Ve hastalandığınızda, dünyanız değişir.

Bu yüzden o 'o' rakamına tekrar tekrar bakmam ve gerçekten bir seçim yapmam gerekiyordu, çünkü ölebilirdim.

Eve gidebilirdim, ki bu beni öldürecekti, ama bu da bir seçenekti.

Bir arkadaşımda kalabilirdim. Her şeyi satabilirdim.

İşe gitmeye devam edebilirdim. Daha sıkı çalışabilirdim, ama hastayken çalışmak zordu.

Peki ne yapacaktım?

İşte o zaman "Tamam, bu kadar sağlıklı olan biri nasıl birdenbire bu kadar hasta olur?" diye sormaya başladım. O kadar da sağlıklı değildim sanırım. Hastalık bir gecede olmaz. Bir gecede teşhis konabilir ama hastalık yıllar ve on yıllar içinde oluşur. İşte evren bana işaretleri o zaman ve o şekilde verdi. O anda, finansal gerçekliğim de dahil olmak üzere gerçekliğimi değiştirmem gerektiğini biliyordum.

Kendime söylediğim yalanlar bir şekilde bu hastalığı yaratıyordu, bedenimde bir hastalık olarak gün yüzüne çıkıyordu – yaşamak ya da ölmek için bir seçim noktasıydı. Ve tüm bunların nedeni, asla sahip olmadığım tek şeyin elimden alınmış olmasıydı.

Para alınmasaydı ve o 'sıfır' noktası hiç gelmeseydi, bunu iyi anlamanızı istiyorum: Dinlemezdim. Nasıl yaşıyorsam öyle yaşamaya devam ederdim, çünkü ortada bir sorun yoktu, değil mi?

Görünüşe göre büyük bir sorun varmış.

Dürüst olmak gerekirse, para biriktirmeye eğilimim vardı. İtiraf etmeliyim ki paraya karşı gerçek bir sevgi besliyorum. Onu gerçekten seviyorum. Paraya sahip olduğumda ve harcadığımda, bir şeyin bilincini etkilediğime inanıyorum.

İşimle uğraşırken tüm dünya canlanıyor – Hindistan, Hong Kong, Tayvan, Hawaii, Kaliforniya, Colorado, Florida ve ders verdiğim diğer yerler. Bir farkındalık anını, o 'buldum' anını yaşadığınızda, beni buraya getirmek için iyi para harcanmış demektir. Bilincin gelişmesine katkıda bulunuyor. Ne olacağını bile bilmiyorum ama bir şekilde banka hesabıma katkıda bulunacak.

Aslında, beni her düzeyde artıracak: enerjik, psişik, ruhsal, psikolojik ve finansal olarak. Hepsini istiyorum. Ama bunu sadece kendim için değil, hepimiz için istiyorum.

Daha önce de söylediğim gibi, sizler bu Dünya'da ihtiyaç duyduğumuz ve benim de para sahibi olmalarını istediğim insanlarsınız. Paranız olmasını istiyorum. Paranız olmasını arzuluyorum. Sadece harcamak için değil, sahip olmak için, bu gezegendeki bilinci değiştirmek için çünkü benim birkaç saatliğine gördüğüm insanlardan daha büyük bir hedefim var.

Hedefim, bu dünyadan istismarın her türlüsünü ortadan kaldırmak, silip süpürmek ve herkesin radikal ve orgazmik bir canlılıkla yaşamasını sağlamak.

Bu gezegende ne kadar finansal istismar olduğunu biliyor musunuz? Kaçınız finansal olarak istismar edildiniz? Babam bana tüm bunları öğretmiş olsa da ailemde büyük bir yalan da vardı.

New York'ta bir çocuk modeldim ve o çok genç yaşta katılmaya zorlandığım ağza alınmayacak eylemler ve olaylar vardı. Yapmaya zorlandığım şeyler için insanlara para ödendi ve bana ödenmedi.

Ama bu 30 yıl sonra bana çok pahalıya mal oldu.

Sıra dışı bir hikâyeniz olması gerekmiyor. Bazılarınız söylediklerimi benimseyecek, bazılarınızın ise bu konuda hiçbir fikri olmayacak. "Hey, buraya gelin ve bu deneyimleri yaşayın" demiyorum.

Ama para konusu, evet, hepinizin parayla yıkanmasını istiyorum. Paraya sarılın. Aslında para sadece sizin oyuncağınız: Bulabildiğiniz kadar çok banknot hâlinde para bulun. Üzerine biraz yapıştırıcı sürün ve kendinizi parayla kaplayın.

Tamam mı? Bunu sadece yapın ve eğlenin. Yanınıza birini davet edebilirsiniz, kimi isterseniz. Evliyseniz umarım bu eşiniz olur, ama belki de başka birini istersiniz.

Başka bir şeyi içeri davet etmek istiyorsunuzdur – ben de bundan bahsediyorum – radikal, orgazmik, canlı bir gerçeklik. Para bu kadar hassas bir konu olmak zorunda değil. Benim durumumda, inanın bana, hiç eğlenceli değildi. Ancak, insan dönüp baktığında, içeri girip temizlik yaptığında işte böyle görünüyor. Burada durabilmek ve paylaşacak bir şeyim olduğunu düşünebilmek. Dönüp bakmalıyım.

Ve biliyor musunuz? Bugünlerde babam bana bir hediye vermiş gibi. Bana paranın cinsiyetle ilgili olmadığını öğretti. Nereden geldiğinizle ya da eğitiminizle ilgili değildi. Çok emek vermekle bile ilgili değildi.

Olmak istediğin şeyi olmayı seçmekti.

Babam çok çalıştı ve çok tadını çıkardı. Size anlatamayacağım kadar çok Super Bowl'a ve spor etkinliğine gittim. Babam bir Yankees fanıydı, bu yüzden her Çarşamba, Cuma ve hafta sonu oradaydık. Bir New York Giants fanıydı. Pazar günleri de oradaydık. Hokey, New York Rangers, Pazartesi, Çarşamba, Cuma. Ve bizi Madison Square Garden'a, New York Knicks'e sürüklerdi.

Bütün arkadaşlarıma söylerdi. Erkek kardeşim, kız kardeşim ve ben onun biletleriyle iki ya da üç arkadaşımızı davet etmek zorunda kalırdık. Tüm çocukları ve onların arkadaşları maçlara gidebilsin diye sokağa çıkıp 5 dolarlık bir tribün koltuğu satın alırdı. Bunun nedeni oraya buraya saçacak çok parası olması değildi; sadece bu şekilde yaşamayı seçmişti. Artık aramızda olmasa da ona bu yaptıkları için sonsuza kadar minnettarım. Uluslararası, ulusal ve yerel düzeyde terapi uyguladığım 25 yıl boyunca, konu para olduğunda böylesine benzersiz bir şekilde ebeveynlik yapan başka biriyle karşılaşmadım. Bu alışılmadık bir gerçeklik.

Ancak hastalık baş gösterdiğinde ve o dibe vurduğum anda, o parlaklığı, neşeyi, sık sık bahsettiğim o bulaşıcı gülümsemeyi alıp götürdü – o finansal sıfırla karşılaştığımda hepsi yok oldu.

Bir mağdur, hastalıkla mücadele eden, çaresiz, her şeyi bırakmış, kimseye, hatta kendime bile yardım etme arzusu kalmamış biri olmaya boyun eğebilirdim. Hayattan tamamen vazgeçmeyi seçebilirdim.

Ancak hayatı kucaklamaya karar verdim çünkü bireysel hikâyelerimiz veya geçmiş deneyimlerimiz ne olursa olsun, ne kadar zor olursa olsun, seçim yapma gücüne sahibiz. Karşılaştığımız soru şu: Yalanlardan oluşan bir gerçeklikte mi yoksa gerçekler üzerine inşa edilmiş bir gerçeklikte mi yaşamayı seçeceğiz? Odağımız bereket mi yoksa kıtlık mı olacak? Siz hangi gerçekliği yaratmak istiyorsunuz?

Kulağa aşırı basit gelebileceğinin farkındayım. İnanın bana, anlıyorum, özellikle de kendinizi bataklıkta kapana kısılmış, bir yalana hapsolmuş hissettiğinizde. Yalan o kadar somut görünür ki farkında olmadan onu tekrar tekrar yaratırsınız. Katılaşır ve farklı bir şey hayal etmeyi giderek zorlaştırır.

İşte asıl soru: Gülümsüyor musunuz? Mutluluğu paranın yalanlarını benimsemekte mi buluyorsunuz?

Cevabınız hayır ise, bedeninizdeki o küçük molekülü, babamın bana aşıladığı çocuksu masumiyeti arayın – yaratma, iş, çalışma, eğlence, neşe ve kendi patronum olma seçimiyle ilgili bir masumiyet. İlla kendi patronunuz olmak zorunda değilsiniz, ancak başka biri için çalışıyor olsanız bile bu zihniyeti benimseyebilirsiniz. Bu, sınırlamalara odaklanmak yerine olasılıkları görmeyi seçmekle ilgilidir. Her şey mümkündür.

Bu benim kendi hikâyem, peki ya sizin para yalanlarınız? Kendinize söylediğiniz para yalanlarını benimserken hangi seçenekleri reddediyor olabilirsiniz... aktif olarak seçtiğiniz yalanları? Ve bu para yalanlarına ısrarla inanmanın gerçek maliyeti nedir? O gün benim gibi bilgisayarınızın başında oturuyor, sıfıra bakıyor, çıldırıyor, B planınızı, çıkış stratejinizi planlıyor olsaydınız ne yapıyor olurdunuz?

Mevcut finansal durumunuz göz önüne alındığında, hangi seçimleri yapıyor olurdunuz?

Ve işte benim en sevdiğim yalan – ve soru – kimin finansal gerçekliğini yaşıyorsunuz?

Bu yüzden en kötü zamanlarımda kendime şunu sordum: "Sıfır noktasında olmanın nesini seviyorum? Bir dram ve felaket içinde olmanın nesini seviyorum? Hasta olmanın nesini seviyorum? Ölmenin nesini seviyorum? Neyden kurtulmak için ölüyorum? Neyden bıktım?"

"Beni kahve içmeye götürebilir misin, çünkü hiç param yok ve çok korkuyorum ve patronum bir kaltak ve aileme gidemem, çünkü biliyorsun benden nefret ediyorlar ve bunu hayatımın geri kalanında aleyhime kullanacaklar... ve, ve, ve, ve..." değil

Bunların hiçbiri.

Durumunuzu gerçekten anlamak için kendinize şunu sormalısınız: "Bunu yaratmak için ben ne yapıyorum? Bu kalıpları devam ettiren hangi seçimleri yapıyorum? Neden pes ediyormuşum gibi hissettiren davranışlarda bulunuyorum? Kandırılmama nasıl izin veriyorum? Potansiyelimi sınırlayan hangi eylemlerde bulunuyorum?"

Bu öz sorgulama, yalanların ve kendini kandırmanın ortaya çıkmasına neden olan zorlu bir çalışmadır. Kurguladığımız anlatılar, inkârla renklendirilmiş mercekler gibi davranarak bizi gerçekle yüzleşmekten korur. Çoğu zaman perdenin arkasındaki gerçekliği araştırmak yerine bir üstünlük ve haklılık cephesini korumayı tercih ederiz.

Şahsen ben gerçekle yüzleşmeye değer veriyorum. Anlatılar uydurmak yerine aynaya bakmak ve gerçekliği kabul etmek istiyorum. Kendimi hikâyeler uydururken yakaladığımda bile, onları dürüstlükle kucaklıyorum. Örneğin, öfke yüzeye çıktığında, "Ben nerede benzer bir davranış sergiledim?" diye sorarak iç gözlem yapıyorum. Yargılama ortaya çıktığında, "Bu yargılamayı nerede deneyimledim?" diye düşünüyorum.

Bu sınırlayıcı duvarların ötesine geçmeye, tetikleyicileri kendi avantajıma kullanmaya ve bunları kişisel ve finansal gelişim için fırsatlara dönüştürmeye çalışıyorum. Daha sonra, bunu nasıl başaracağıma dair bazı teknikler paylaşacağım.

Şimdi, bu konuları haftalık radyo programımda dünya çapında 205.000 kişilik bir dinleyici kitlesine tartışmak cesaret gerektiriyordu. Sağlık camiasında, özellikle de evrenin yaratıcı enerjisiyle çalışmayı içeren Theta Healing® gibi uygulamalarla ilgili referanslarıma rağmen, alışılmadık yaklaşımları benimsemenin göz korkutucu olabileceğini kabul ediyorum.

Geleneksel sağlık alanında lisans ve unvanlara sahip olmama rağmen, daha geniş bir bakış açısı benimsiyorum. Bu kimlik bilgileri değerli olmakla birlikte beni yapılandırılmış bir kutuya hapsetmiyor. Bunun yerine, küresel bir kitlenin ilgisini çeken ve iş birliği ve fırsatlar için kapılar açan varlıklar olarak hizmet ediyorlar. Buradaki mesaj övünmek değil, sahip olduğunuz beceri ve varlıkları kendi yararınıza kullanmanın önemini vurgulamaktır.

Özünde, herkes değerli bir şeye sahiptir. Mesele, sınırlamaların ötesinde bir gerçeklik yaratmak için bu benzersiz nitelikleri tanımak ve kullanmaktır.

Her biriniz temiz ve zekisiniz. Tezimi bunun üzerine yazdım, o yüzden biliyorum. Buna ruh baskısı deniyor, tıpkı parmak izimizin her birimize özgü olması gibi. Bu sizin ruh iziniz. Her birinizin gerçekliğin dudaklarında iz bırakacak eşsiz bir ruh izi var.

Sizinki ne yaptığınız ya da ne olduğunuzdur - ya da ne yapmayı ya da ne olmayı reddettiğinizdir - ama buna sahipsiniz.

3
___

KİMİN FİNANSAL GERÇEKLİĞİNİ YAŞIYORSUNUZ?

Peki kişi zihninin derinliklerinden her gün yaşadığı somut fiziksel dünyaya kadar her düzeyde kendi gerçekliğinden nasıl sorumlu olur? Zihinden başlayabiliriz. Aslında, atölye çalışmamda katılımcılardan biri bana bu önemli soruyu sordu. Dedi ki, *"Ben sadece paranın ardındaki bilinçaltı sorununu düşünüyorum, para sorunlarım olduğunu kastetmiyorum. Her zaman daha fazla para kazanılabilir ve ben de kolayca kazanabilirim, bu yüzden bu soruları ve benzeri şeyleri sorsam bile beni neyin engelleyebileceğini merak ediyorum. Bunu nasıl yapabilirim?"*

Sorusu çok temeldi ve cevabı da kendinize başka bir temel soru sormanızda yatıyor: Kimin finansal gerçekliğini yaşıyorsunuz?

Kendinize bu soruyu sormadan önce, bedeninizin hafif mi yoksa ağır mı olduğunu hissedin. Ve bu soruyu sorunca bedeninizdeki değişiklikleri hissedin.

Atölye çalışmamda bu soruları sorduğumda, katılımcıların benzersiz yanıtları oldu.

"Peki, kimin finansal gerçekliğini yaşıyorsunuz?"

"Amcamın"

"Ailemin"

"Babamın"

"Yeteneğimin"

Ve cevaplarıyla birlikte, her biri enerjilerinde bir değişim hissettiler. Bazıları daha sıcak, diğerleri daha soğuk, bazıları hafif, bazıları ağır hissetti. Enerji değişimleriyle dolu bir odaydı; tek bir soru işte bu kadar güçlü olabiliyor.

Peki, sevgili okuyucularım, siz kimin finansal gerçekliğini yaşıyorsunuz?

Bunun sizde nelere yol açtığını belirleyin ve gerçek ile yalan(lar)ı birbirinden ayırmaya çalışın. Çevremizdeki dünya, okul sistemlerimiz, annelerimiz, babalarımız ve patronlarımız tarafından örülen yalanlar. Bu yalanlar finansal gerçekliğimizin şekillenmesini büyük ölçüde etkiler.

Yani, finansal gerçekliğiniz size ait ise, harika. Fakat, finansal gerçekliğinizin bir sınırı veya üst sınırı olduğu her yerde, sahip olabileceğiniz tek şey budur ve daha fazlasına sahip olamazsınız. Karar verdiğiniz yerde, "Bu benim. Benim. Benim. Benim. Bu benim. Benim. Ve hepsi bu kadar olabilir."

Ancak bu zihniyeti yıkmamız gerekiyor ve nedenini biliyorsunuz. Atölyemde katılımcılar bunu sınırlayıcı buldular. İçlerinden biri epey bilge bir şekilde şöyle dedi: *'Bir şeye bizimmiş gibi sahip çıkarak kendimizi sınırlıyoruz ve bu da onu olabileceği kadar kısıtlıyor, daha fazlasını gerektirmiyor..."*

Ve bu doğru, "Hareket etmiyoruz. Bu benim ve bu kadar." Sizin olan ve 'bu kadar' olan her şeyde biraz üstünlük vardır. Ve üstünlük içeren her şey biraz Donald Trump'a benzeyebilir.

Bunun kulağa süper bir yargı gibi geldiğini biliyorum ama olay şu: Donald Trump'ın milyonlarca doları vardı ve hepsini kaybetti. Milyonlarca doları vardı ve kaybetti. Milyonlarca doları vardı ve kaybetti. Hayır, bunu söylediğim için Donald Trump'a oy veriyor olmuyorum, tamam mı? Burada kendimi esnetiyorum ve şöyle düşünüyorum: Tamam, onu sevmiyorum ama ondan ne öğrenebilirim?

Ve onun işini düşünüyorum. Onu tanımıyorum ama şöyle düşünüyorum: "Benzemek istemediğim, hiçbir şeyine imrenmediğim, hatta bakmaktan bile hoşlanmadığım birinden ne öğrenebilirim? Ondan ne öğrenebilirim? Para ve iş konusunda çok parlak bir zekâsı var."

Param olmasına ve öyle olmama gerek yok ama aslında bilmediğim bir şeyi moleküler ve hücresel olarak alabilirim. O bir şekilde para konusunda benden daha iyi ve ben de kendim için daha iyi olmak istiyorum ki dünyayı finansal gerçekliğimden değiştirebileyim.

Herkesin finansal gerçekliğinin bize öğreteceği bir şeyler vardır. Bu konuda sizin de bana öğretecek bir şeyiniz varsa, buna izin vereceğim ve sizden bunu öğreneceğim.

Ya da birinden hoşlanmıyorsanız, nereye kapandığınıza bakın ve onu uzaklaştırın. Aldığınız her yargının ve aklınızdan geçmesine izin verdiğiniz her yargının banka hesabınızı etkilediğini biliyor musunuz? Kendiniz ve başkaları hakkındaki yargılarınız para akışına izin verir ya da onu reddeder. Sınırlayıcı yargıların para olan enerji akışınızı engellemesine izin vermeseydiniz ne kadar para kazanmış olacağınızı bir düşünün. Yine de hepimiz kendimizi olayları sınırlayıcı bir şekilde yargılarken buluruz.

Atölye katılımcılarına kendileriyle ilgili hangi yargılara sahip olduklarını sorduğumda, birçoğumuzun ilişkilendirebileceğini düşündüğüm farklı yanıtlar verdiler.

"Sanırım en çok kendime karşı kötüyüm. Diğer herkese karşı çok iyiyim ama kendime karşı değilim ve işte bu noktada açılıyorum."

"Yeterince iyi değilim."

"Daha iyisini yapabilirim."

"Bir hayal kırıklığıymış gibi hissediyorum."

"Yeterince iyi değilim. Daha iyisini yapabilirim ve bazen bunu söylemek çok zor."

Bu katılımcılar kendileri hakkındaki bu yargıları düşünerek ve paylaşarak aslında inandıkları yalanları ortaya çıkarıyorlardı. Bu da başlı başına somatik bir rahatlamadır. Bunu siz de yapabilir ve bir anda, aslında sizi gerçek potansiyelinize ulaşmaktan, hatta finansal olarak bile alıkoyan kendinizle ilgili icatlarınızı ve yalanlarınızı nasıl ortaya çıkardığını fark edebilirsiniz.

Geçmiş deneyimleri düşündüğümde, Maui atölye çalışması sırasında bir katılımcıyı başarısızlık konusundaki mükemmelliğini kabul etmesi için yönlendirdiğim etkileyici bir anı hatırlıyorum. Onlara "Ben bir hayal kırıklığıyım" demek yerine "Başarısızlıkta en iyisiyim" demelerini söyledim. "Başarısızlık konusunda tanıdığım en iyi kişi benim" demek ile "Ben bir hayal kırıklığıyım" şeklindeki kendini yıpratan etiket arasındaki tezat, başarısızlığı göze çarpmamak için bir kalkan olarak kullanma eğilimlerinin altını çizdi. Başarısız olarak tanımlama seçiminin, küçük kalma ve görünürlükten kaçınma amacına hizmet ettiği açıkça ortaya çıktı.

Katılımcı, başkalarının kıskançlığından korkarak hayatındaki iyilikleri küçümsediğini itiraf etti. Gerçek duygularını ve başarılarını saklayarak bir yalanı sürdürdüklerini, sadece otantik ifadelerini engellemekle kalmayıp aynı zamanda hayatlarına bereket akışını da sınırladıklarını fark etti.

Ancak başkalarının kıskançlıkları, yargıları, eleştirileri ya da sadece güvensizlikleriyle hayatınızı ele geçirmelerine izin vermeden önce, SİZİN sahip olduğunuz gücü düşünün. Ya söyledikleriniz birine farklı bir seçim yapması için ilham verirse? Ya kendiniz olarak ortaya çıkmanız birilerine farklı bir seçim yapma konusunda ilham verirse? Bu size ne kadar daha fazla para kazandıracak ve gezegene bereket yayarken onlara ne kadar daha fazla para kazandıracak?

Sizler dünyayı değiştirebilecek insanlarsınız.

Sizler paranın ellerinde olması gereken insanlarsınız çünkü bilincinizle bu gezegendeki gerçekliği baştan yaratacaksınız. Şu anda yapacağınız bir derecelik değişim, yani icat ve yalandan ışık, eğlence ve özgürlük açma gerçeğine geçiş, finansal gerçekliğinizi değiştirecek.

Babamın dediği gibi, "Kendi işinin patronu ol. Bu dünya sadece erkeklerin değil. Sadece kadınların da değil. Sevdiğin işi yap. Birisi için çalışacaksın, onu sev. Kendi patronun mu olmak istiyorsun? O zaman kendi patronun ol."

Peki, şu anda seçebileceğiniz ve seçmeye hiç karar vermediğiniz bir şey nedir? Konfor alanınızın dışında ne yapardınız?

Tam bir pratiğim olmadan önce tek bir müşterim bile yoktu. Bir ofisim vardı, bu yüzden ofisime gider ve randevularımı takvimimde ayarlardım. Hiç insan yoktu ve 60 ya da 90 dakikalık programa sadece "Harika Müşteriler" yazardım. Bu süre boyunca ofisimde oturur, 60 ya da 90 dakikanın ardından bir mola verir, sonra tekrar içeri girerdim. Kartvizitlerimi, el ilanlarımı, paketlerimi hazırlardım ya da bir telefon görüşmesi yapar ve insanlara ne yaptığımı anlatırdım.

Bazen bir kitapçıyı ziyaret eder, bir grup atölyesi düzenler, başka bir derse girer ya da eğitime giderdim.

Ve biri beni her aradığında, boşluğu onun adıyla doldururdum, bu da seans olurdu.

Pes etmedim, çünkü birilerinin kendini kötü hissedeceği yalanını satın almamayı seçtim. Bunun yerine, ben oraya çıkarsam bir başkasının da oraya çıkacağı gerçeğini satın aldım. Bir şey onlara benimle iş birliği yapmaları için ilham verecek.

Bu, yalanı geride bırakmaktır.

Yalanı geride bırakmak için harekete geçmelisiniz. Zorundasınız.

4

PARA NE İSTER?

Finansal piyasalarda işlem yapan birçok insanla çalışıyorum. Bazen takılıp kalıyorlar ve aynı işlemi yapmaya devam ediyorlar. Bırakmak istemiyorlar ya da kaybediyorlar. Harekete geçmek yerine bunun bir başarısızlık olduğunu düşünüyorlar. Gerçek şu ki, eğer işe yaramıyorsa, ağırlaşıyor ve yoğunlaşıyorsa, harekete geçmelisiniz. Kayıplarınızı kabullenin ve harekete geçin. Onlar kazanacak ve siz de bir sonraki anda, başka bir yerde kazanacaksınız, ama asla sizin düşündüğünüz şekilde ortaya çıkmayacak. Yani kafanızı kullanamazsınız.

Zihniniz bedeninizle senkronize olduğunda, daha büyük bir özgürlük duygusu yaşarsınız. Kişisel hayatımda ve işimde dinlemeye öncelik veriyorum. Benim için doğru yönü işaret ettiği için hafiflik hissine dikkat ediyorum. Bir şey yoğun, ağır veya aşırı karmaşık geliyorsa ve kendimi sürekli engellerle karşı karşıya buluyorsam, ısrarla onları zorlamıyorum. Bunun yerine, yeniden değerlendirme ve alternatif yollar keşfetme ihtiyacının farkına varırım. Kafamı sürekli duvara vurmam.

"Daha fazla soru sormam gerek. Başka bir yere gitmem gerek." Sonra soruyorum: "Kim ya da ne bunu hemen kolaylaştırabilir? Nereye gitmem gerekiyor? Kiminle konuşmam gerekiyor? Bana kim yardım edebilir? Başka hangi bilgilere ihtiyacım var? Bu bilgiler kimde var?"

Nasıl oluyor bilmiyorum ama her zaman bir şekilde bir çözüm buluyorum. Bir e–posta ya da kısa mesaj alıyorum. Bilgisayarda bir şey görüyorum. Postada bir şey okuyorum ya da bir arkadaşımla konuşuyorum ve "Vay be, bu kişi bunu arıyor" diyorlar ve tam da ihtiyacım olan şey bu. İşim için müteahhitlerimi bu şekilde buldum.

Bir dahaki sefer, oraya mı buraya mı gitmeliyim diye sormak yerine oraya gidin ve daha fazla soru sorun. Sadece daha fazla bilgiye ihtiyacınız var.

Unutmayın, işiniz kendi başına bir varlıktır; ona tıpkı başka bir insana davrandığınız gibi davranın. İşinizin bir amacı ve hedefleri var; onlarla iletişim kurmanız gerekiyor. Benim işimin adı Live Your Roar. Bir amacı var. Bir hedefim var. Onu dinledim ve her yerde ona sürekli sorular soruyorum.

Yani buradan başlayarak daha fazla bilgiye ihtiyacınız var. Kendinize şu soruları sorun:

Buraya başka hangi bilgileri ekleyebilirim?

Bu bilgilere kim sahip?

Bu bilgiye nereden ulaşabilirim?

Ne yapabilirim?

İşinize sorun:

Bugün ne istersiniz?

Hedefiniz nedir?

En çok neye dikkat etmem gerekiyor?

Daha fazla para kazanmak için nereye yardım edebilirim?

Bunu yapmak için ne yaratmam gerekiyor?

Kimi işe almam gerekiyor?

Başka kiminle konuşmam gerekiyor?

Nereye gitmem gerekiyor?

Gerçekte ne kadar paraya ihtiyacım var?

İşinizle güçlü bir güven bağı oluşturmak ve birbirinizi tanımak. Ben buna radikal canlılık diyorum.

Radikal canlılığın dört C'si vardır: Kendinizi seçmek (Choosing You), Kendinizi adamak (Committing to you), Sizi kutsamak için plan yapan evrenle iş birliği yapmak (Collaborating with the universe that is conspiring you to bless you) ve sonra Hayatınızı oradan yaratmak (Creating your living from there).

Bunlar sizin dört ilkeniz ve işin dört ilkesidir. Kendiniz için seçin, kendinizi adayın. Sizi kutsamak için plan yapan evrenle iş birliği yapın ve sonra birlikte yaratın ve ilerleyin.

Beyond Abuse, Beyond Therapy, Beyond Anything adında bir radyo programı yapıyorum, değil mi? İki buçuk yıldır yayındayız. İlk 13 haftada Empowerment Channel'da ilk onda ilk üçe girdik ve programın başlangıcından bu yana ilk beşteyiz.

Her gün bu işi dinledim. Bu sabah kalktım, canlı bir radyo programı yaptım ve işi dinledim.

Her hafta canlı bir program yapmam gerekiyor: yeni, orijinal içerik, bir program açıklaması, sosyal medya alıntıları ve konular. Dinliyorum ve "Tamam, Dünya, evren, dünya, 205.000 kişi dinliyor, ne duymak istiyorsunuz?" diyorum.

Bam.

Kafamın içine girip "Voice America için ne yapmam gerekiyor?" diye sormuyorum. "Şu anda hangi enerji üzerine konuşmam isteniyor?" diye soruyorum.

İş dünyası sizden ne istiyor? Gerçekten, belki de başınızı döndüren şey budur – şu anda sizin dışınızda olan şeyle temasa geçmek.

İşiniz kendi başına bir enerji ve varlıktır.

Bırakın vahşileşsin. Bırakın kükresin. Kafanızı sonuçlardan uzaklaştırın ve olasılıklara yöneltin. Sizin adınıza iş birliğine karşılık gelecek insanları, yerleri, durumları ve olayları çizmek ve gerçekleştirmek kolay olacaktır.

İlginçtir ki, para yalanlarımız nedeniyle çevremizin hedeflerimize karşı çıktığı zamanlar da olur. Sınırlayıcı hâle gelirler. Atölyemde katılımcılarımdan biri de aynı ikilemle karşı karşıyaydı. İşimizin ve paramızın yükselmesine izin vermekten bahsettiğimde, durumunu açıklayan bir soru sordu.

Şöyle dedi: *"Paramızın bizi sevip sevmediğini düşünmek mantıklı geliyor. Kafamda bunu 300 dolarlık bir parfüm sıkıp seksi göründüğüm bir ilişki olduğunu canlandırıyorum. Ama sonra oturup konuşuyoruz ve 'Hala bu işi mi yapıyorsun? Annen hâlâ böyle mi? Hâlâ sigara mı içiyorsun?' gibi şeyler söylüyor."*

Durumunu duyunca ona vizyonuyla birbirlerini yargılayıp yargılamadıklarını sordum. Yani birbirinizi mi yargılıyorsunuz? O da şöyle cevap verdi:

"Beni yargılıyor mu bilmiyorum ama sanki "Seni seviyorum ama bunu yapmaya devam edersen yürümez. Sanki seni seviyorum ama böyle ve şöyle görünmen gerekiyor."

Aşkının beklentilere ve koşullara bağlı olduğu açıkça belliydi. Bu koşullu bir aşktı, bir partnerde asla razı olmayacağımız ama para söz konusu olduğunda sorun etmediğimiz bir aşk.

İşte o zaman katılımcının kontrol, üstünlük ve neşe konusundaki isteksizliği ile ilgili duygularını keşfetmeye karar verdim. Kontrolcü biri olduğunu reddetti ve diğer yönlerden özgür olduğunu iddia etti. Ben de ona bir başka önemli soru sordum: "Koşullarla ilgili neyi seviyorsunuz?" İşte o zaman her şey ortaya çıkmaya başladı; bunun kendisi için bir 'üstünlük meselesi' olduğundan bahsetti.

Parayla kurduğu bu koşullu ilişki aslında neşesini kısıtlıyordu ve yine de kendine bu paranın onu üstün kıldığı yalanını söylemişti. Ve yedi yaşından beri neşesini kısıtlıyordu.

Ancak kendine söylediği yalanları ortaya çıkardığında ve bir nefes egzersizi yaptığında, ihtiyaç duyduğu fizyolojik ve psikolojik bir derecelik değişimi yaratabildik. Yedi yaşından beri neşeyi kendisinden uzaklaştırdığını anladığında, bir değişiklik yapmak için harekete geçti.

Para yalanlarımız bu şekilde sürdürülüyor, iç çatışmalara ve bereket eksikliğine yol açıyor. İhtiyacımız olan tek şey bir derecelik bir değişim.

5

YARGININ GÜCÜ

Biz insanlar cesur varlıklarız, ancak para insanlar için üzerine konuşması pek de eğlenceli bir konu değildir. Şimdi sizinle parayla ilgili birkaç yalanı paylaştığıma göre, bakalım sizi biraz tetikleyebilecek miyim ve bir noktada gülerek sizi bu kitabı okumaya iten şeyi gündeme getirebilecek misiniz? Para hakkında meraklı olmak.

Yirmi yılı aşkın zamandır ruh sağlığı alanında çalıştıktan, yerel, ulusal ve uluslararası düzeyde atölye çalışmaları yürüttükten sonra öğrendiğim şey, insanların değişim ve dönüşüm için kişisel çalışma yapmaya gelmelerinin üç nedeni olduğudur:

1. Sağlık – bazı krizler meydana gelir.
2. İlişki – bir ayrılık ya da boşanma.

3. Para – iş hayatında sorunlar veya ay sonunu getirememek.

Kısa zaman sonra, kendim de dahil olmak üzere insanlarla ilişkiler alanında ve sağlık konularında çalışmakta gerçekten çok iyi oldum. Ancak tüm bu para meselesi hâlâ beni, müşterilerimi ve dünyayı kemirmeye devam ediyordu. İnsanların hakkında atölye çalışmaları yaptığı ve kitaplar yazdığı bu konuya başka neler katabileceğimi görmek için buna odaklanmaya karar verdim.

Markalaştırma uzmanım için biraz zorlayıcı oldu. Markalaştırma uzmanının ne olduğunu bilmiyorsanız, size nişinizi nereye yapıştıracağınızı söylerler ve sonra sizi bir kutuya sokarlar – ve bunun içinde kalmanız ve dışına çıkmamanız gerekir.

Beni yeni tanımaya başlayanlar için, İlk Aşk, İlk Dans filmindeki "Kimse Baby'yi köşeye atamaz" lafı gibi bir şey bu. Beni kesinlikle bir kutuya koyamazsınız; bana uyan bir kutu yok.

Para konusuna eğilmeye başladığımda atölye çalışmaları, Voice America Radyo Programımın yanı sıra insanlarla bireysel seanslar, koçluk seansları ve VIP seansları yapıyordum. Ancak aynı zamanda, babam birkaç yıl önce vefat etti ve sayısız diğer sorunumun üzerine bir de finansal sorunlar ortaya çıktı.

Para gerçeğine karşı olan körlüğümü fark ettim ve bu bana inanılmaz geldi. Burada, başkalarının parayla olan ilişkilerini düzeltmelerine nasıl yardımcı olacağımı anlamaya çalışıyordum, ancak kendi finansal gerçekliğime karşı kördüm.

Böylece, para hakkında verdiğim kararlara, parayı benim için ne anlama getirdiğime – onu nasıl bu kadar önemli kıldığıma, nasıl Tanrım olduğuna, nasıl sevgiyi kucaklama şeklim olduğuna veya param varsa kendimi nasıl hissettiğime bakmaya başladım. Param olmadığında kendimi iyi hissetmiyordum.

Sonra da kendime "Bunun ötesinde ne var?" diye sormaya başladım.

Herkesin bir şekilde sorun yaşadığı bu para meselesi nedir? Kimsenin dilinden düşmüyor.

Çok param oldu ve hiç param olmadı. Çok parası olan bir sürü insan tanıyorum – ve onların da parasız insanlar kadar parayla ilgili sorunları var.

İster hiçbir şeyiniz olmasın, ister milyarlarınız, milyonlarınız ya da katrilyonlarınız olsun. Her şekilde para denen bu şeyle ilgili sorun yaşayabilirsiniz; yani kimse bundan kaçamaz.

Sonra babam vefat ettiğinde düşünmeye başladım, "Bu nedir? Kimsenin tadını çıkaramadığı bu para denen şeyin anlamı nedir?"

Ve tadını çıkardıklarında bile, her zaman "Ne zaman kaybedeceğim? Ne zaman sahip olamayacağım?"

Bununla ilgili tonlarca sendrom mevcuttur – örneğin, 'bereket ya da kıtlık', 'çok çalışma/hizmetçi zihniyeti' ya da 'çok çalış, kolay olamaz'. Ya da 'Ben bir avam gibiyim ve her zaman bir şey tarafından sahiplenileceğim' ve 'Başkası için çalışmak zorundayım, kendi başıma dışarı çıkamam, çünkü kendi başıma dışarı çıkarsam, kendi başımın çaresine nasıl bakacağım ya da başkasının benim başımın çaresine bakmasına nasıl izin vereceğim?'

Tüm bunlar bu gerçeklikte devam ediyor ve benim içimde de devam etti.

Babam vefat ettiğinde, tam anlamıyla her şeye erişi-mimi kaybettim. Her şey elimden alınmıştı ve hiçbir şeyim kalmamıştı. Babamın hesabına neden erişimim olduğunu merak ettiğinizi biliyorum. Bunu birazdan açıklamama izin verin.

Bir benzin istasyonunda durduğumu ve her zamanki gibi benzin almak için pompaya kartımı taktığımı hatırlıyorum. Daha önce bu konuda hiç iki kez düşünmek zorunda kalmamıştım. Bu, bu dünyada geçirdiğim sürede hiç para sorunlarım olmadığı ya da parasız kalmadığım anlamına gelmiyor, ama o anda hiçbir şeyim yoktu.

"Bunu nasıl ödeyeceğim? Ve nasıl geçineceğim?"

Hiç böyle düşünmek zorunda kalmamıştım, çünkü yanımda hep babam vardı. Babam bunu benim için çok kolaylaştırdı ve hayatımda her zaman "Ne istersin?" diye soran biri vardı. Onu ne zaman kaybedeceğimi asla bilemezdim. O benim ATM'mdi, banka kartımdı, birçok açıdan – pin kodu yoktu, şifre yoktu, sadece soruyordum ve alıyordum.

Hayatımda yaşadığım en kolay şeydi, ama bunu başkası yaptı. Anlıyorsunuz, değil mi? Benimle hiçbir ilgisi yoktu; benim bir katkım yoktu.

Ve babam gittiğinde, benzin istasyonunda öylece durmuş, "Paraya sahip olmanın, para biriktirmenin ya da gerçekten ihtiyacım olduğunu bildiğim düzeyde parayla bir gelecek planlamanın ne anlama geldiği hakkında hiçbir fikrim yok, çünkü her şey başkası tarafından önüme konmuştu" diye düşünüyordum.

Babama yakın mıydım? Birbirimize yakın mı yaşıyorduk? Hayır, o ülkenin öbür ucundaydı. Hatta birbirimizi nadiren görür ya da telefonda konuşurduk. Böyle bir ilişkimiz vardı, epey mesafeliydik ama bu sorun değildi.

Çok küçük yaşlardan itibaren bana, "Lisa, bu dünya sadece erkeklerin değil. Bu dünya kadınların dünyası. Kendi patronun ol, sevdiğin işi yap ve asla az ile yetinme, kendi paranı kazan, mutlu ol."

Ben de bunu yaptım ve o da işimi kolaylaştırdı, ama bu sabahtan akşama kadar çok çalışmadığım anlamına gelmiyor. Yaptığım işi, insanlara yardım etmeyi seviyor ve bundan keyif alıyordum.

Sonra, hızlıca ileri sararsak, babamın ölümü yüzüme şunu vurdu: "İnsanları ancak kendim yürüdüğüm kadar yürütebilirim." O zamana kadar ortaya çıkmamış kör bir cepti bu. Hasta olduğunu bile bilmiyordum ve ben yurtdışındayken, telefon konuşmalarımız dışında ona veda edemeden vefat etti ki bu mükemmeldi. Aslında çok güzel bir hikâye.

Nerede olursam olayım, sevdiğim şeyi yapmamı, hayatımı yaşamamı istiyordu. Orada olmama gerek yoktu. Bu bazılarına gerekçe gibi gelebilir, ancak benim için gerçekten somutlaştırdığım bir şey oldu.

Hikâyem hakkında bir şeyler biliyorsanız, evdeki diğer şeyler o kadar da kolay değildi, bu yüzden biraz hak iddia ediyordum. "Lanet olsun, çocukluğumda cinsel, finansal, fiziksel, duygusal, psişik ve enerjik olmak üzere 2,5 yıl boyunca maruz kaldığım istismar ve şiddet göz önüne alındığında," biraz rahatlamak – yani bir

ATM için şifre veya pin kodu gerektirmeyen bir baba – gibiydi...

Çektiklerimden sonra bunu hak ettiğimi düşünmüştüm.

Bu deneyim için gerçekten minnettarım, çünkü en başından beri yanımdaydı ve ölümünde bile şunu yüzüme vurdu: "Ben öldüğümde kimin olacak?"

Sonra kimim olacağını fark ettim; para durumum bu şekilde değişti.

Ben olacaktım.

Her şey elimden alınmıştı; hayatım boyunca babam sayesinde sahip olduğum tüm para ve paraya erişim babamın ölümüyle birlikte tamamen elimden alınmıştı. Orada öylece duruyordum, ne nakit paraya, ne banka hesaplarına, ne kredi kartlarına, hiçbir şeye erişimim yoktu. O gün o benzin istasyonunda, babamın öldüğünü ve bu dünyada bana finansal olarak yardım edebileceğine güvenebileceğim tek bir kişi bile olmadığını biliyordum.

Sahip olduğum tek kişi, tek şey bendim – ve tamamen farklı bir şey yapmam gerekiyordu. Paranın yalanlarıyla doğrudan yüzleştiğim yer bu andı – inandığım her şey, babamın etrafında geliştirdiğim kişilik, onun aracılığıyla var olduğunu varsaydığım güvenlik hissi –

hepsi.

Bana Li–li derdi. "Elbette Li–li, bodruma inip sana biraz para basacağım ve hemen hesabında olacak."

Ne zaman geleceğini asla bilemezdim. İki hafta, bir ay, üç ay ya da ertesi gün olabilirdi ama her zaman hesabımda görürdüm. Onunla işler böyle yürüyordu.

Şok içindeydim, arkama bakıyordum ve şöyle düşünüyordum: "Para konusunda kendi sırtını kollamak ne demek? Gerçekten, gerçekten kendi arkanı kollamak ve dünyada ayakta durmak ve kimseye bağımlı olmamak, kimseye yansıtmamak, kazanmak için kendini kurban etmemek, otoriteye karşı savunmamak, hatta kendi hikâyenizin trajedisine, travmasına veya dramasına uyum sağlamamak ne anlama geliyor? Çünkü inanın bana, eğer oturup hikâye hakkında konuşmak istiyorsanız, benim bir hikâyem var."

"Vay be, ilk kez finansal gerçekliğimi somutlaştıracağım" diye düşündüğümü hatırlıyorum.

Babamın vefatının bana kendi ayaklarımın üzerinde durmaktan başka bir seçenek bırakmayacağını – beni somutlaştıracağımı ve kendi arkamı kollamanın ve mağdur hikâyesini, travma ve dram hikâyesini, felaket hikâyesini tamamen geride bırakmanın nasıl bir his olduğunu, nasıl koktuğunu ve tadının nasıl olduğunu bileceğimi çok az biliyordum.

Küçükken yaşadığım istismar geçmişimin, kendimi maruz bıraktığım ve acı çektiğim yirmi beş ila otuz yıllık istismarın, parayla ilgili kendi yalanlarımın ortaya çıkacağı ve beni yıkım, ölüm ve kıtlık kafesinin ötesine taşıyacak parlak bir fener olacağını, harcayacağımı ama sahip olamayacağımı ve her zaman çok para kazandığım için çok para kazanacağımı ama asla kendime saklamama izin vermeyeceğimi çok az biliyordum.

Diğer herkes daha önemliydi.

Benimle ilişkisi olan insanlar gerçekten iyi iş çıkardı. İnan bana, hâlâ soruyorlar. Geçenlerde uzun zamandır ilk kez birine hayır dedim. Dedim ki, "Hayır, sana sadece biraz para verdim. O parayı bana bir ödeme planıyla geri ver, sonra konuşuruz." Bu benim New York'lu hâlim. Ama kendi arkamı kollamak ve gerçekten evet ise evet, hayır ise hayır demek böyle hissettiriyor.

6

BEN'İN YÜKSELİŞİ

Babamın ölümü işimi, varlığımı, bedenimi ve dünyada yapacağım işi finansal olarak uyandırdı ve finansal gerçekliğimi ilk kez yaşamamı sağlayacağını çok az biliyordum.

Gelişen şey, şimdi istismar kafesi, radikal canlılık ve bu canlılığa ulaşmanızı kolaylaştıracak köprü olarak adlandırdığım şey.

İstismar kafesi benim '4 D' dediğim şey: İnkâr Etmek (Denying), Savunmak (Defending), İlişki Kesmek (Dissociating), Kopmak (Disconnecting).

Size anlattığım hikâyede, babamın bana kendiliğinden bahşettiği şeylerden dolayı yaşadığım tüm inkârı görebiliyor musunuz? Kendim olmaya ve kendime sahip çıkmaya karşı savunmayı, sanki hak etmişim ve yaratmışım gibi paranın benim için olmasına izin vermekten kaçınmayı.

O zamanlar birlikte zaman geçirmek isteyeceğiniz biriydim. Masaya birkaç yüzlük banknot koyardım ve o parayı bitirdiğimizde kredi kartımı masaya koyardım. Arkadaşlarımla her Perşembe, Cuma, Cumartesi ve Pazar gecesi

harika vakit geçirirdik. Kendimi çok cömert hissederdim, tıpkı babam gibi.

Tüm bunlar, para etrafındaki bu istismar kafesine yol açtı; o kadar sınırlayıcı ve daraltıcıydı ki çok çalışabilir, çok para kazanabilirdim – ama asla harcamadan duramazdım.

Kısa bir süreliğine dururdum. Çok fazla yiyordum ve sonra "La–la–la–la–la–la–la" ve ardından "Tamam, şimdi tekrar yapmalıyım" derdim.

Bereket ya da kıtlık.

Para kazanıyordum ve babama tamamen bağımlı değildim, ama konu para olduğunda hiç desteğim yoktu. Tasarruf etme ya da parayı cebimde tutmaya dair hiçbir isteğim yoktu.

Radikal canlılığa geçerken, o benzin istasyonunda uyandım. Hiçbir şeyin parasını ödeyemeyecek durumdayken şöyle düşündüm: "Kendim için seçim yapmalıyım. Kendime ve kendi finansal gerçekliğime bağlı kalmalıyım."

Bir yerlerde, "İste ve senin olsun" sözünü duymuştum. Düşündüğüm kadarıyla, Evren beni kutsamak için plan yapıyor. Bu "4 C" kuralının bir parçası: Kendimi adamak (Commit), Kendim için seçmek (Choose), Evren beni kutsamak için plan yapıyor (Conspiring) ve benimle İş birliği (Collaborate) yapmak ve sonra Yaratmak (Create) istiyor.

İşte ben buna radikal canlılık diyorum ve

adresini kafesten radikal canlılığa "4 E" – daha kolay olması için – Benimse (Embrace), İncele (Examine), Somutlaştır (Embody) ve Genişlet (Expand) yoluyla taşırsınız.

Her ne oluyorsa kucaklayın, bilinç ve gerçeğin azmiyle inceleyin. Unutmayın, kendinizi ancak kendinize izin verdiğiniz ve görebildiğiniz kadar ileri götürebilirsiniz ve başkalarını da ancak başkalarıyla birlikte çalıştığınızda sizin gittiğiniz yere kadar götürebilirsiniz. Siz gitmediğiniz sürece onlar da sizin ötenize geçemez.

Bu yüzden babamın çok yoksul, Brooklynli, eğitimsiz ve alkolik ailesinden gelen ve onun vefatıyla bana hediye edilen tüm para yalanları için minnettarım.

O zamana kadar kim olduğunu bilmiyordum. "Benim hiçbir şeyim olmadı, senin her şeyiniz var, ben hayattayken bunları kullandığını ve mutlu olduğunu görmek istiyorum" derdi. Ve tam olarak bunu yaptı.

7

İNANÇ VE GERÇEKLİK

İnançlarınızın aynı zamanda bedeninizi ve bedeninizin içinde bulunduğu formu da yarattığını biliyor musunuz? Peki inançlarınızın finansal gerçekliğinizi de yarattığını biliyor musunuz?

Yoksa bilgisayar ekranında takılıp kalmış gibi hissettiğiniz oluyor mu? Kendimizi takılıp kalmış gibi hissettiğimizde, takılıp kalmış olan bizim bakış açımızdır. Yanal hareketler ve yanal değişiklikler yapmış olabilirsiniz, ancak bu daralmanın ve bu sınırlamanın ötesine asla geçmediniz.

Daha iyi olabilirsiniz – ama asla ötesine geçemezsiniz.

Buna da hayatta kalmak ve gelişmek denir ama asla radikal bir canlılıkla yaşamak denemez. Peki, bundan nasıl kurtulacağız?

Tekrarlıyorum, istediğimiz tek şey bir derecelik bir değişim.

Ve şu anda düşündüğünüzde ve şu anda tüm dünyada parayla ilgili tüm yargıları, kararları, sonuçları, hesaplamaları, ayrılıkları, savaşları, travmaları, dramları, felaketleri algıladığınızda, bu gezegende bir derecelik bir değişimin bile ne kadar büyük olduğunu görürsünüz. Bu değişim, dünyayı kendi ekseninde döndürme kapasitesine sahiptir.

Peki, kaçınız para kazanmak için çok çalışmanız gerektiğine inanıyor? Kaçınız bunun yalan olmadığına, mutlak gerçek olduğuna inanıyor?

Şimdi bir de şöyle düşünün: Bedenlerinizden kaçı bunun yanlış olmadığına, sorgulanamaz bir gerçeklik olduğuna gerçekten inanıyor? Zihniniz para kazanmanın her zaman yorucu bir çalışma gerektirmediğini kabul etse de bedeniniz aynı fikirde olmayabilir.

Para için çok çalışma kavramının bedeninizle ilgisi olmayan, yalnızca zihinsel bir yapı olduğuna mı inanıyorsunuz? Zihniniz ve bedeniniz birbiriyle çelişen inançlara sahip olduğunda, bu durum çelişkili bir gerçeklik yaratır.

Size birkaç soru soracağım. Ben size sorular sorarken, siz de bedeninizdeki değişimleri gözlemleyin. Eğer hafif, geniş ve serin bir enerji hissediyorsanız, bu gerçeğin bir göstergesidir.

Aksine yoğunluk, daralma gibi şeyler hissediyorsanız veya düşüncelerinizin seans sonrası planlara kaydığını ve hızla kalkıp gitme arzusu duyduğunuzu fark ediyorsanız, gerçek olarak algıladığınız ama aslında yanlış olan bir şeyi ortaya çıkarıyor olabilirsiniz. Yoğun daralma hissi yalan anlamına gelirken, genişleme hissi, enerji ve serin bir gerçeğe işaret eder.

Peki, dürüst olmak gerekirse, para konusunda çelişkili bir gerçekliğe sahip olduğunuzu kabul ediyor musunuz? Bu çelişkili gerçeklik, bağlı olduğunuz yalandır ve bir yalana bağlı kalmak onun varlığını devam ettirir.

Kaçınız partnerinizle olan ilişkilerinizde parayla ilgili çatışmalar yaşadınız? Çelişkili gerçeklik derken tam olarak bunu kastediyorum. Bedeninizin yalanlara olan bağlılığı çelişkili gerçekliğinizi şekillendirir, sizi sınırlayan titreşimsel bir gerçeklik kurar ve para etrafında kendi kendini dayatan bir kafes yaratır. Çoğu zaman yarattığımızı sandığımız bu yapı, esasen bir yıkımdır ve kendiniz için seçim yapmakla, kendinize bağlanmakla ya da Evrenle iş birliği yaparak (Collaborating) sizin lehinize komplo kurmakla hiçbir ilgisi yoktur.

Şimdi bir de şunu düşünün: Paranızın akışının sizin iyiliğinize veya kötülüğünüze ya da çaba düzeyinize bağlı olduğu inancı içinizde hafif mi yoksa ağır mı? İçinizdeki uyumsuzluğu, kararsızlığı, inkârı, savunma mekanizmalarını, ayrışmayı ve kopukluğu fark edin. Bu çerçeve içinde seçime yer olmadığını ve seçimsiz bir Evren yanılsaması yarattığını fark edin.

Ancak sizi temin ederim ki, bu asla göründüğü kadar sınırlı değildir. Değerlilik, iyilik, kötülük, çalışkanlık ya da bunların yokluğuna dair inançlarınız ve benzersiz bakış açılarınız size özgü değildir. Bu gerçeklikte bu yapıları biriktirdiniz, dönüştünüz ve "Ben buyum" dediniz.

Finansal gerçekliğinize hoş geldiniz. Ben de öyle.

8

FİNANSAL AÇIDAN İSTİSMARCI BİR GERÇEKLİK

Dürüst olmak gerekirse, bana edilen tecavüzler ve yaşadığım istismarlara kıyaslayınca bile hiçbir şey banka hesabınızda koca bir sıfır görmek kadar korkutucu olamaz. Yardım isteyebileceğiniz kimse yok; sonunda kaçınılmaz olan geldiğinde, yanınızda kim olacak? Burası doğası gereği korkutucu bir yer.

Bunun gerçekliğimizin gerçek salgını olduğuna inanıyorum. Yargılarımız, bakış açılarımız ve benimsediğimiz zorunlu finansal, psikolojik ve psişik gerçeklikler bizi hasta ediyor, mutsuz kılıyor ve ilişkiler seçmemize neden oluyor – benim için de dahil. Sanki sürekli olarak bir şeyler akıtıyor, durmadan para yatırıyor ve asla ilerleme kaydedemiyoruz.

Peki, gerçek suçlu kim, gerçeklik mi yoksa biz miyiz?

Bu yalanları bir derece değiştirmediğimiz sürece her şey bir şekilde devam ediyor. Peki, hangi yalanlardan bahsediyorum?

Bunlardan ilki, paranın haklı ya da haksız olduğunuzun kanıtı olduğudur. Kaçınız paranız olsa mutlu olacağınıza inanıyorsunuz? Paranız olsaydı daha mutlu olacağınıza elbette inanabilirsiniz, çünkü para size daha fazla seçenek sunar, değil mi?

Fakat gerçek bunun tam tersidir. Size anlatmayı umduğum para yalanlarından biri de düşündüğünüz şeyin dışarıya yansıttığınız şey olmadığı. Hissettiğiniz ve yaratım olarak adlandırdığınız biriktirme kabı olarak somutlaştırdığınız şeyin aslında bildiğinizin aksine paranızı ve finansal durumunuzu yaratan şey olduğu.

Hepinizin çok zeki olduğunu biliyorum. Çok fazla kişisel çalışma yaptığınızı biliyorum. Bir şeyler okuduğunuzu biliyorum. Ve zeki olduğunuzu da biliyorum – burada yaşıyorsunuz. Anlıyorum. Ben de burada yaşadım.

Ve hepimiz aşağıdaki gibi yalanlara tutunmuşuzdur:

Bir değerim olduğunu kanıtlamalıyım ve bunu sadece parayla yapabilirim.

Sadece param olduğunda sevilebilirim.

Sadece başkasına bir şeyler sunarsam sevilebilirim.

Kimse beni olduğum gibi sevmeyecek.

Hiçbir zaman finansal olarak bağımsız olamayacağım. Her zaman başkalarına ihtiyacım olacak.

İki gelirli bir aile, tek gelirli bir aileden daha iyidir.

Bunların hepsi bedeninizin somutlaştırdığı ve gerçekliğinize yansıttığı yalanlardır. Zihniniz burada söylediğim her şeye bakıp hayır derken, bedeniniz evet diyor. Zihniniz "Hayır" derken, bedeniniz "Evet" diyor. Zihniniz "Eskiden öyleydim" derken, bedeniniz "Hâlâ öyleyim" diyor.

Bu çelişkili gerçekliğe sahip olup olmadığınızı anlamanın bir yolu birkaç soru sormaktır. Paranızın sizinle konuşmaya karar verdiğini hayal edin, size ne söylerdi? Sadece düşünün. Atölyemde bunu sorduğumda insanlar şöyle cevap verdi,

"Yeterli olduğumu düşünmüyorsun."

"Ne yapıyorsun lan?"

"Benim için endişelenmene gerek yok."

"Beni kapıyı hiç açmadın."

"Beni besleyip büyütmelisin."

. . .

Ama bu cevaplar da ne? Para ile sağlıklı bir ilişkimiz olması gerekmiyor muydu?

Siz de paranızdan benzer tepkiler alıyorsanız, yanıldığınızı biliyorsunuz demektir. Kötü bir partner olmuşsunuz.

Peki, ne kadar yanılıyorsunuz? Biraz mı, çok mu, yoksa ultra süper çok çok fazla mı?

Kaçınız belli bir yere kadar yanıldığınıza inanıyorsunuz? Dahası, kaçınızın bedeni sırf zihniniz öyle olduğuna ikna ettiği için bu yanılma hissini taşıyor? Unutmayın, bedeniniz inanılmaz zekidir; algılama, bilme, var olma ve alma için duyu organı olarak hizmet eder; bunlar çoğumuzun nadiren gerçekten somutlaştırdığı kapasitelerdir.

Bu bakış açısını bir 'Ötesi' olarak düşünün – "Burada olmamam gerekiyor, işte bu kadar hatalıyım" diye ifade ettiği bir farkındalık. Ancak bu yüzeyin altında hâlâ arıyoruz, henüz öze ulaşmış değiliz. Anestezi, uyuşma, ayrışma ve derinlere gömülmüş bir kafesin uyurgezer gerçekliğinde kalıyor. Ancak, eğer o noktaya ulaşabilirsek, onu çıkarabiliriz.

Yine de hikâyeniz ne olursa olsun, yaşamak için bir seçim, kendi finansal gerçekliğinizi benimsemek için bir seçim gerekir. Soyunuz, sağlığınız, trajedileriniz, travmalarınız veya geçmiş deneyimleriniz ne olursa olsun, hiçbir şey sizin öz varlığınızı ortadan kaldıramaz. Bunu hiçbir yalan yapamaz.

Kendimizle ilgili bu yanlışlara inandığımızda ve hayatlarımızı buna göre şekillendirdiğimizde, yanlışlık duygusuna kapıldığımızda, kaçınılmaz olarak bunu başkalarına yansıtırız. Bu, dünyayı yargılama gözlükleriyle görmek gibi bir şeydir; bu kavramı Voice America'da yayınlanan "Kötüye Kullanım Gözlükleriyle Görmek" (Seeing Through Abuse Colored Glasses) adlı programda ele almıştım.

Varlığınızın özüyle hiçbir ilgisi olmayan finansal bir gerçekliği sürdürerek kendinizi parayla nerede yargılıyorsunuz? İster atalarınızla, ister ebeveynlerinizle, ister kişisel geçmişinizle ya da çocukluğunuzda yaşadığınız talihsizliklerle ilgili olsun, bu hikâyelere tutunmaya ve kendimizi onların suretinde şekillendirmeye eğilimliyizdir.

Sizi bu döngüden kurtulmaya ve servet biriktirebilen biri olmaya davet ediyorum. Sizler, burada bulunanlar, kendinize sahip olma izni verirseniz bu gerçekliği değiştirme gücüne sahipsiniz – bu ifadeye kendimi de dahil ediyorum. Eskiden olsa, şu anda deneyimlediğim şeye sahip olmak için kendime asla izin vermedim.

Buna rağmen sahip olmak benim için iyileşmenin en derin uygulaması hâline geldi. İfade etmesi zor ama sahip olmak, ben olmak, siz olmak, kendinize bağlanmak, kendinizle iş birliği yapmak, kendinizi seçmek ve buradan yaratmak, işte gerçek budur.

9

PARA YARATIR, YARGILAR YOK EDER

Babam New York'ta emlak ve haciz işlerine girdiğinde, benim işim onunla birlikte ofisinin bulunduğu bodrum katında oturmaktı. Ev çevirerek satın aldığı 16 apartman dairesi vardı.

Her ay kiraları toplardık ve yığınla para olurdu. Bilgisayar olmadan önce eski hesap makinelerini ve yeşil kalemleri kullanırdık. Oraya oturur ve parayı ağzıma atardım. Koklardım ve çok kirliydi ama çok severdim.

Sonra bankada bir işe girdim ve her Cuma tüm avukatlar geliyordu ve taze, gıcır gıcır 100 dolarlık banknotları istiflerlerdi, bu yüzden 100 dolarlık banknotları seviyorum. Kendi kendime, "Evet, vezneme gelin. 100'lük banknotlarınızı saymak istiyorum." derdim.

Beni mutlu eden finansal gerçeklikle aramda bir aşk ilişkisi vardı. Parayı saymaya ve düzenlemeye bayılırdım. Hatta tüm arkadaşlarımın cüzdanlarına bakar ve paralarını düzenlediklerinden emin olurdum: birler, beşler, onlar, yirmiler, elliler, yüzler.

Paralarını buruşturup top hâline getiren insanlar tanıyorum. Buna dayanamıyorum. Onlara "Paranıza ne yapıyorsunuz, ona daha iyi davranın, onu sevin ve bırakın o da sizi sevsin" derdim.

Ben sanırım bu konuda biraz takıntılıyım, ama benim için bunun bir anlamı vardı. Bankadaki kasada oturmayı ve Brinks'in gelmesini çok severdim. Ne zaman arabada dolaşsalar, "Evet! Hangi bankaya gidiyorlar?" derdim. Kafayı takmıştım. Siz çocukken ne yapardınız bilmiyorum ama ben parayı takip ederdim.

Para sadece mutluluk partisine gelir.

Depresyon, sınırlama ve neşe partisine gelmez.

Ve inanın bana, yıllar önce hayatımı tehdit eden bir hastalığa yakalandığımda ve endokrinolog "Öldür, hayatının sonuna kadar ilaç al ya da organını aldır" dediğinde, "Başka bir seçenek olmalı" dedim.

"Yok." dedi.

Kutu meselesini hatırlıyor musunuz – beni bir kutuya

koyamayacaklarını? Kimse bana başka bir seçenek olmadığını söyleyemez, çünkü ben onu bulacağım.

Sonra Theta Healing® adında bir enstitüye gittim ve orada 3 ay geçirdim. Üç ay içinde Theta Healing® alanında yüksek lisans derecemi aldım ve üç hafta içinde tamamen iyileştim

Bana ilaç tedavisi, ameliyatla aldırma ya da başka bir şey dışında yapabileceği tek bir şey olmadığını söyledi – ve ben hepsini enerji yoluyla iyileştirdim.

O dönemde sahip olduğum her kuruşu kendime bütünsel şifa sağlamak için kullandım. Evimden vazgeçtim, emekliliğimden vazgeçtim, bu seçim için her şeyden vazgeçtim. Tekrar başaracağımı biliyor-dum. Kendimi naturopatik olarak iyileştirmek bana yaklaşık 1 milyon dolara mal oldu. Bir hap bile ilaç kullanmadım ve sigortam yoktu. Sigortam vardı, onlarca yıldır parasını ödüyordum ama zamanı geldi-ğinde, bütüncül olma seçimim nedeniyle hiçbir yardımı olmadı.

Neyse ki teyzemin yaptırdığı bir maluliyet sigortam vardı ve bu sayede Theta Healing® Enstitüsü'ne gidip Theta Healing® alanında yüksek lisansımı tamamlaya-bildim. Bazı insanlar "Aman Tanrım, o parayı harca-mamalısın çünkü çok fazla borcun var" diyordu. Ben ise şöyle düşündüm: "Bu beni iyileştirecek ve her şeyim bu olacak. Paramı bunun için harcayacağım."

Paranızı yaratmak için kullanın, yok etmek için değil. Yargı yok eder.

Theta Healing® Enstitüsü'nden sonra işimin biteceğini düşünmüştüm ama birkaç yıl önce Bali'ye gittiğimde, "sanırım hayatla işim bitti" düşüncesinin başka bir seviyesinin karşıma çıkacağını bilmiyordum. Bali'ye daha fazla iyileşmek için gitmiştim.

Birçok şeye sırtımı dönmüştüm ve bazı şeylerin de bana sırtını döndüğünü çok net bir şekilde hissediyordum. Dolayısıyla oraya vardığımda, sadece para değil, pek çok şeyle ilgili olarak yine o tür bir umutsuzluk içindeydim. "Ne anlamı var, tüm bunların amacı ne?" diye düşünüyordum.

Orada, şifacı kulübesindeki masalardan birinde yatıyordum, tıpkı *Ye, Dua Et, Sev* kitabındaki gibi. Bedenim üzerinde çalışmak için özel biri gelmişti ve bedenimde somutlaştırdığım bu yalanları kelimenin tam anlamıyla çekip çıkarıyordu. Bu konuda Voice America'da *"İstismarın Kırıkları" (The Shards of Abuse)* adlı bir radyo programı yaptım. Bedenimden bunları çekip çıkardı ve zihnim "Neden bahsediyorsun? Enerji göremiyorum, böyle bir şey göremiyorum, neden bahsediyorsun?"

Sonra bana uzattı. Esasen bir tür parçaydı.

Bu 8 saat kadar sürdü. Dünya hakkında taşıdığım her şey vardı, bu yüzden tüm bu para yalanlarını biliyorum. Bu 8 saatlik seansta şifacının bedenimden bir şeyler çıkarmasıyla yakından ve kişisel olarak ilgilendim.

Ve sonunda, bunu hissettiğimde psişik duyularım daha da açıldı ve enerjileri, inanç sistemlerini görebildim. Kelimeleri ve insanları gördüm. Resimleri ve çocukluğumu gördüm. Bir sürü şey gördüm. "Neden ölmek istediğime şaşmamalı, anladım. Bali'den daha iyi ne olabilir ki? Çok kolay."

Başka bir şey oldu ya da ben başka bir şey seçtim.

O anda dedim ki, "Daha yaşayacak çok şeyim var, çünkü bedenimden çıkanların hepsi yalan. Ve yalanlar yüzünden ölmemin imkânı yok. Yaşamak istiyorum, elimden geleni yapacağım ve Kükreyeceğim!"

İşte bunu yapmaya karar verdim ve işimin adını The Beyond Abuse Revolution ve The Beyond Abuse Movement yerine Live Your ROAR® – Radically, Orgasmically Alive Reality olarak değiştirdim.

"Bütün bunlardan sağ çıktım. Ve eğer bedenimden çıkan parçalardan ve yaşlı bir dedenin bıçağı alıp göğüslerime sokarak 'Üzgünüm, üzgünüm, sadece biraz acıyacak, üzgünüm, üzgünüm, sadece biraz acıyacak, üzgünüm, üzgünüm, sadece biraz acıyacak, o zaman' demesinden kurtulabilirsem." – Evet acıttı, ama bu yalanlar daha çok acıtıyordu.

Bedeninizde hissettiğiniz o yoğunluk bir yalan, o siz değilsiniz.

Para akışınıza kaç tane yalan yansıtıyorsunuz?

Çünkü Bali'de öğrendiğim buydu.

Almayla ilgili bir sorunum vardı. Almayı reddediyordum.

Protesto ettim.

Gülüyorsunuz, çünkü sizin de bunu yaptığınızı biliyorum.

Öyle bir noktaya geldim ki, yeterince acı çektim ve yeterince öldüm ve sonra ne olursa olsun her şeye sahip olmayı seçtim. Ne kaybetmek zorunda kalırsam kalayım, kimi kaybetmek zorunda kalırsam kalayım, nereye gitmek zorunda kalırsam kalayım, ne yapmak zorunda kalırsam kalayım, kitaplar çıkacaktı, radyo programım viral olacaktı.

30.000'den 205.000 dinleyiciye ulaştım. İlk kitap yayınlanacak ve sonra diğerleri üzerinde çalışacağız. Ve, ve, ve, ve, ve, ve, ve tamamen – hatta dün itibariyle, birlikte çalıştığım tüm ekibimi – 12 kişiyi – kovdum – ve yeni bir başlangıç yaptım.

Ben yapardım dediğimde yaparım.

Ya büyük oyna ya da evine dön, Bali'de olan buydu.

Bunların bir kısmını daha önce de yaşıyordum ama gözleriniz açık olduğunda, tüm yalanları gördüğünüzde ve bu seçimi yaptığınızda takdiri ilahi de harekete geçiyor. Ben ne yaptım? Kendimi seçtim, kendime bağlandım, beni kutsamak için plan yapan evren ile iş birliği yaptım ve yarattım.

Hiçbir şeyden tek bir kişi sorumlu değil. Tek bir kalp kırıklığının ya da birlikte olduğum kişinin, benim seçtiklerim dışında herhangi bir şeyle ilgisi yoktu. Ne bir sorun, ne bir tecavüz, ne bir taciz, ne bir müşteri zorluğu, ne bir hukuk durumu, ne bir aile durumu, hiçbiri önemli değildi.

Kimi ya da neyi kaybettiğim umurumda değildi, artık kendimi kaybetmeyecektim. Kendimi seçecektim. Ve bir daha hiçbir şey böyle olmayacaktı. Hiçbir şeyin üzerinde bir yansıma, bir ayrılık, bir beklenti, bir kırgınlık, bir reddedilmişlik, bir pişmanlık olmayacaktı. Bedenim daha fazla acı çekmeyecek, zihnim daha önce gittiği yoldan gitmeyecekti.

O andan sonra yemeyi seçtiğim her şey farklıydı. İçmeyi seçtiğim her şey farklıydı. Bedenime aldığım her şey farklıydı. Bedenimi paylaştığım herkes farklıydı. Gerçekten, her şey farklıydı.

. . .

Her zaman çok sevdiğim bir yiyecek vardı: pizza. Kaliforniya'da glutensiz pizza bulabiliyorsunuz ama Teksas'ta bulmak çok zor. Burada Good Earth'te glutensiz pizza yiyebilirsiniz. En iyi glutensiz mantarlı pizzayı yapıyorlar ama bugün onu gördüğümde bedenim "Yeşillik" dedi.

Bu sadece daha çok bir titreşimdir ve artık yalanları algılamadığınızda ve bunlara uymadığınızda, titreşim açıkça değişir. Ve sonra çektiğiniz, yarattığınız, kurduğunuz ve ürettiğiniz şeyler bu titreşimi değiştirir ve günceller.

10

İPLERİ ELE ALIN

Kaçınız bu gerçeklikte yargılanabilir bir suç olmayı reddederek sahip olabileceğiniz para akışlarından kaçınıyorsunuz? Sizi etkilemesine izin vermeden herkes ve her şey tarafından yargılanmaya açık olsaydınız, yolunuza ne kadar daha fazla para çıkabileceğini hayal edin. Buradaki fikir, kendinizi aktif olarak yargılanmaktan korumaya çalıştığınızda, istemeden de olsa eleştirilerin hedefi hâline gelebileceğiniz ve hayatınıza para akışını engelleyebileceğinizdir.

Hasta ve depresif kaldığınız sürece, yargılanmaya hedef olursunuz. Mağdur kaldığınız, gerçekliğinizi seçmediğiniz sürece, yargılanmak için hedef olmaya devam edersiniz. Parmağınızı diğer tarafa doğrulttuğunuz sürece, yargılanmak için bir hedef olursunuz.

Parmakla göstermeye başladığınızda, sizi öldürmeye gelen 100 milyon kişi olacağına inansanız iyi edersiniz.

Geçenlerde bir sınıfta broşürlerimin masanın üzerinde durduğu bir deneyim yaşadım ve bir sonraki teneffüste geri döndüğümde tüm broşürlerim ve atölyelerimle ilgili her şey gitmişti, tamamen gitmişti, kasıtlı olarak.

O zamanlar bende bir sorun olduğu, birinin bunu yapmak istemesine neden olacak bir şey yaptığım – bunu yaptığım yalanına inandım. Ve sonra, bunun dışına çıktığımda, "Vay canına, yaptığım şey o kişi için, o insanların gerçekliği için yargılanabilir bir suç" diye düşündüm.

İçinde yaşadığım en büyük yalanın, bu şeylerin bazılarını benim yaratmış olmam olduğunu fark ettim.

Bazen, yarattığım şeyin aslında diğer insanlar için daha fazlasını yarattığını ve bunun benim bir yanlışım olmadığını fark etmem gerekiyor. Bu, içine girmeyi öğrendiğim bir kapasite. Bunu tahmin edemezdim çünkü hiçbir zaman düşündüğünüz şekilde ortaya çıkmaz.

İşte sizi bir soruyla baş başa bırakıyorum:

Ne zaman bir para daralmasına, kafesine girseniz, kendinize "Bu ne yaratıyor ya da ne yaratacak?" diye sorun.

Bırakın zihniniz bunu algılasın.

Eğer ağırsa, hemen değiştirin. Hafifse, devam edin ve neyi seçerseniz seçin, 10 saniye sonra her zaman başka bir seçenek olduğunu fark edin.

Hayallerinizdeki hayatı yaşamak için istediğiniz ve ihtiyaç duyduğunuz paraya sahip olmanızı engelleyen hiçbir şey yok.

Bazen ruhani insanlar hiç paraları olmamasını tercih ederler. Ama benim tanıdığım hiçbir Tanrı her şeye sahip olmamamızı istemez çünkü biz halkız, siz halksınız ve paraya sahip olarak bu gerçekliği gerçekten değiştirebilecek insanlar dışarıda sizi bekliyor.

Bu gerçekliği bilinçli olarak değiştirebilecek şekillerde harcayabilirsiniz. Hayatın hangi alanında olursanız olun, ne yaparsanız yapın, insanların sesinizi duymaya ihtiyacı vardır ve bu gerçeklik parayla işler. İşliyor işte.

Bu gerçekliğin nasıl işlediğiyle ilgili olarak hangi bakış açısını ve gerçekliği yaratmak istediğinizi seçersiniz – yok etmek, ölmek, uzaklaşmak, katılmamak veya kendinizi acı çekmeye devam ettirmek değil. Radikal, orgazmik, canlı gerçeklik sizin radikal müttefikiniz, orgazmik müttefikiniz olur.

Parayla canlı bir gerçeklik yaratın – size meydan okuyorum.

Kendiniz olun, her şeyin ötesine geçin ve sihir yaratın.

11

PARANIN ENERJİSİ

Aldatmacayı tartışmanın en sevdiğim yollarından biri, sohbete bolca kahkaha katmaktır. Dünya çapında seyahat ederek insanların travmadan geçmelerine ve istismar sonrası yaratımlarına yardımcı oluyorum. Bunu yapmak belli bir hafiflik ve eğlence duygusu gerektiriyor, çünkü bu olmadan süreç yutulması gereken acı bir hap gibi gelebilir.

Bu bölüme başlamadan önce size, daha önce sahip olduğunuzdan sadece yüzde bir daha fazla paraya veya nakde sahip olmanıza izin verip vermeyeceğinizi sormak istiyorum. Şimdi düşünün: Bu seçimi yapmamak size neye mal oluyor?

Kişisel olarak, kısa bir süre önce işim ve yeni bir pazarlama firmasını işe alma olasılığımla ilgili çok önemli bir kararla karşı karşıya kaldım. Bu karar, gerçekten yapmak istediklerime karşı ne yapmayacağımı seçmekle ilgiliydi. İkincisini seçmek, işimdeki önemli sayıda insanı işten çıkarmak anlamına geliyordu, ancak bu insanları sevdiğim ve işlerine çok fazla emek harcadığım için kararsızdım.

Aynada düşünmek için bir dakikanızı ayırın: Kendinizi nerede benzer bir durumda buldunuz?

Bu durum genellikle para veya nakit eksikliğinden kaynaklanır. Sonra gerekçeler yığılır: "Yeterince iyi değilim. Bunu hak etmiyorum. Birini incitebilirim." Bu anlatıları, bu yalanları inşa ederiz.

Peki ya arzuladığımız her şeye götüren, daha ağır ve yoğun olan yalanın aksine, daha hafif ve daha doğru hissettiren seçimi tercih etseydik?

Bu gerçeklikte neden yalanlara, yoğunluğa ve ağırlığa yöneliyoruz? Bu yalanları yaratır ve hayata geçiririz, ancak neden bazen kendimizi izole etme ihtiyacı hissettiğimizi veya başkalarına karşı kızgınlık besledi-ğimizi merak ederiz.

Kişisel deneyimlerime dayanarak konuşacak olursam, tezimi "Ruh İzi" adı verilen bir kavram üzerine yazdım. Ruh izimiz parmak izimize benzer – her birimizin sahip olduğu benzersiz bir işaret. Hepimiz, gerçekliğin dokusuna damga vurmak için burada olduğumuz farklı bir öz taşıyoruz.

Yaptığınız şey sizin eşsiz katkınızdır. Avukat, hemşire, kolaylaştırıcı, akupunkturcu, görsel–işitsel sanatçı, masaj terapisti, ebeveyn, yatırımcı, öğretmen veya polis memuru olmanız fark etmeksizin, bu sizin izinizdir. Her biriniz size zahmetsizce gelen, sevdiğiniz benzersiz bir şeye sahipsiniz. Ancak, çeşitli nedenlerle bunu bir kenara bırakabilir ve farklı bir yol izleyebilirsiniz.

Ruhunuzun izini kucaklamak, onu tam olarak somut-laştırmanıza izin vermek, kolaylık, para, neşe, tatmin, sağlık, zenginlik ve eğlence ve olasılıklarla dolu bir yaşamın kapısını açar. Özgün benliğinize adım atmak, daha tatmin edici ve müreffeh bir varoluş olasılığının kilidini açabilir.

Alma konusuna, özellikle de para olan enerjiye girelim. Benim kendi geçmişim, genç yaşta çocuk pornografisi modelliğine itildiğim şiddet ve istismar dolu bir evde büyümeyi içeriyor. Bu deneyim bana finansal istismar ve finansal bir karşılık almadan çok çalışmanın yarattığı hayal kırıklığı hakkında iyi fikir verdi. Paraya karşı kin beslemenin, aile üyeleri, kurumlar ve kuruluşlar da dahil olmak üzere çevremdekilere güvenmemenin nasıl bir his olduğunu anladım. Ayağa kalkmak, giyinmek, fotoğraf çektirmek, gülümsemek – fakat borçlu olunan tazminatı değil, tamamen farklı, karanlık ve perde arkasında gizli bir şeyi almak.

Şimdi, şunu düşünün: Parayla, nakitle olan ilişkinizde kimsiniz?

Parayla ilgili olarak kendimize söylediğimiz yalanlar hakkında keşfettiğim şey, bunların iki ana yalan etrafında yoğunlaştığıdır: *parayla kim olduğumuz ve parayla ne olduğumuz.* Yaydığımız enerji önemli bir rol oynar ve bu enerji içinde belirli bir gerçeklik yaratırız. Bu, 'kim' ve 'ne'yi tanımakla ilgilidir.

Şunu bir düşünün: Bir 'kim' ve bir 'ne' oluyorsanız, ne olmuyorsunuz? Kendiniz. Yine de bu durumu yanlışlıkla doğru olarak etiketleyebilirsiniz.

Şu anda mevcut olan enerji, somutlaştırdığımız yalanların bir temsilidir. Hem bilinen hem de gizlenen, görülen ve görülmeyen yalanlara değiniyorum. Bazılarınız 'neyin' ve 'kimin' tam olarak farkında olmayabilir, ancak para akışlarınızı yaratmak için kime güvendiğinizi keşfetmek başlangıçta hayal kırıklığına neden olabilir, ancak bunun devamından derin bir minnettarlık gelebilir.

12

KİM, NE VE YARGILAR

Şimdi üçüncü yalanı inceleyelim: Almayı reddettiğiniz yargılar finansal refahınızı engeller. 'Kim', 'ne' ve yargılar konularını irdelemenin bunaltıcı olduğunu düşünerek bunu göz ardı etmek cazip gelebilir. Ancak, para yalanını özetleyecek olursam, bir 'kim', bir 'ne' ve bir yargıdan oluşur.

Öz değeriniz net değerinizle bağlantılı değildir.

Atölyelerimde defalarca gördüm ki, inanmayı ve gerçekleştirmeyi seçtiğimiz yalanların farkına varmak gerçekten de içimizde. Ve neyin doğru olduğunu görebilmeniz için tüm bu yalanları ortaya çıkarmanız gerekiyor.

İnsanların gerçekten seçim yapabilmeleri için kaybetmek istemedikleri o kadar çok yalan var ki.

Bunu hepiniz biliyorsunuz ama ben yine de söyleyeceğim.

İşin ironik yanı, sonsuz varlıklar olarak nakit ve para bize özgürlük, seçim ve olasılık sağlar. Peki, bu farkındalığa rağmen neden kendimizi sürekli olarak strese, sıkıntıya ve yetersizliğe maruz bırakıyor, tatil ve emeklilik gibi ihtiyaçlar arasında seçim yapmaya zorluyoruz? Mantıksal olarak bu pek mantıklı değil.

Şimdi bu yalanları inceleyelim: Parayla kim oluyorsunuz? Parayla ne oluyorsunuz? Yargıları ayrıca ele alacağız. Finansal gerçekliğinizin 'kim', 'ne' ve kabul etmeyi reddettiğiniz yargılar tarafından şekillendirildiğini anlayın. Bunu bir derece bile olsa değiştirmeye hazır mısınız?

Sadece bir derece.

Kime gidelim. Yalanları üstünden atalım.

Örneğin, babamı hatırlıyorum. Yirmi tane kadar 100 dolarlık banknot alır ve annem için çocukluğumun geçtiği evdeki yan kapının yanındaki tezgâha koyardı. Bunu her hafta Pazartesi günü kapıdan çıkmadan önce yapardı.

Çocukken, "İşte bu." derdim.

Bir de annem vardı tabii... ona çok kızgındı, çok. Güzel görünüyordu – tam 2,000 dolar. Oradan olabildiğince çabuk uzaklaşmak için parayı bırakır, annemi parayla beslerdi. O parayı alır ve bize bir şeyler aldırırdı. Peki onları hiç istedik mi?

Ben istemedim, çünkü o şeylerden biri o aptal, korkunç Cabbage Patch bebeklerinden 8 ya da 10 taneydi. Evlat edinme belgeleri falan olurdu. 1980'lerin başında büyük bir çılgınlıktı. Sonra onları odamdaki en üst rafa koyardı ve ben de yatak odama girerdim, "Aman Tanrım! Bu da ne?" derdim. Çünkü ihtiyacımız vardı.

Sonra benim, erkek kardeşimin ve kız kardeşimin spor ayakkabıları ve kıyafetleri – her şey – ve sonra hepsi giderdi. Tüm bu farklı aktivitelerin içindeydik. Tekrardan, hiç sormadık, zorla katılmadık.

Amigoluktan nefret ederdim. Hâlâ o tezahüratı hatırlıyorum. "B-A-Ş-A-R-I. Başarıyı böyle heceliyoruz," takım her neyse. Her dakikasından nefret ederdim, tıpkı ayağa kalkıp modellik yapmaktan nefret ettiğim gibi.

Benim için paranın çok farklı anlamları vardı. İstismar demekti. Kızgınlık demekti. Dışarı çıkmak demekti. Kaçış demekti. "HAS" demekti. "Seni yakalayacağım" demekti. Annem parayı harcadıkça, babam daha fazla para vermek zorunda kaldı ve daha fazla ayrılıp para için çalışmak zorunda kaldı. Ve para için gidip çalışmaya başladıkça – meğer desteklediği başka bir aile yaratmış, biz bunu ancak yıllar sonra öğrenebildik.

Orada olanları düşününce, belki aynısını ben de yapardım.

Annem gittikçe daha kırgın, daha kızgın, daha pahalı hâle geldi ve tüm bu kırgınlık aralarında büyüdü.

Sonra birbirlerine "Seni seviyorum" derlerdi.

İşte ben, onları izleyen küçük bir çocuğum. Bu arada bu hâlâ 'kim' ile ilgili – paranın ilk yalanı. Daha çok şey var.

Gelip "Seni seviyorum." derlerdi. "Ben de seni seviyorum."

Onlara şöyle bakardım: "Burada yalan olan bir şeyler var, çünkü bunun altında ölüm ve yıkım, buz kıracakları, silahlar, palalar, oraklar ve Üçüncü Dünya Savaşı var."

Ne olacağımı seçmek zorundaydım.

Bir çocuk olarak anneniz ve babanız arasında nasıl seçim yaparsınız?

İnsanın 3, 4, 5, 10, 15 ya da 20 yaşında yaptığı gibi kötünün iyisini seçtim.

Annemden ve parayla ilgili her şeyden nefret ediyordum. Onu yıllarca suçladım. Babamı seviyordum çünkü onunla bodrumda oturuyor, çalışıyor ve apartmanlarının kirasını ödüyordum. Babam eğlenceliydi; annem ise acımasız. Ya da içimdeki çocuk öyle sanıyordu.

Babam İşletme ve Emlak alanında yüksek lisans yapmış bir muhasebeciydi ve 1980'lerin başında New York, New Jersey ve Hudson'ın her yerinde apartman binaları ve hacizleri çevirmek en büyük işiydi. Hacizli oldukları için 20 ailelik apartman binalarını 10.000 dolara alıyordu. Ortaya milyarlarca dolar koymadan milyarlarca dolar kazandı.

Çocukken işim onunla birlikte bodrumda oturmaktı. Onun kendi masası vardı. Benim kendi masam vardı. Kendimi çok profesyonel hissederdim. Ve ondan uzakta olurdum. Cidden.

Ben de "Evet baba!" dedim.

Başka birçok şey de öğreniyordum. Para sayıyordum. Şu yeşil defterleri ve kalemleri hatırlıyor musunuz? Silgili kalemleri hatırlıyor musun? O eski toplama makinelerini falan?

Her yer nakit para doluydu. Tamamen nakit üzerinden dönen bir işti. Benim işim tüm kirayı dengelemek, parayı saymak ve düzene sokmaktı. Bu yüzden bugün hâlâ paramı düzenli tutarım. Bunu ona borçluyum. Yüzlüklerim yüzlüklerle birlikte durur. Her şey düzen içindedir. Kontrol sorunum yok. OKB değilim. Sadece paramın düzenli olmasını isterim. Çocukken de aynıydım.

Yığınla para... Yaladım. Sevdim.

Kokusunu sevdim. Tadını sevdim.

Üniversite yıllarımın yazlarında bir bankada bile çalıştım çünkü parayı seviyordum. Brinks kamyonlarının gelmesine bayılırdım. Onlarla birlikte oraya gider, mücevherlerle ve parayla oynardım. Bunu babamdan öğrendim.

Ama annem hakkında düşündüklerim yüzünden parayla ilgili bir kutuplaşmaya dönüştü, ki eğer başlasaydım bunu gelecek yıla kadar duyacaktınız. Kolaylaştırıcılığımdaki en iyi stand–up komedyenliğim için en iyi kaynağım o oldu. Ondan çok şey öğrendim.

Babama karşı direnirken ve tepki verirken onunla aynı hizaya gelmek ve onunla aynı fikirde olmak zorundaydım ve bu da para etrafında farklı yalanlar yarattı. Bir yandan onun bana söylediklerini, diğer yandan da onun benim için yaptıklarını hayata geçirmem gerekiyordu.

Ve farklı bir gerçekliği hayata geçirdiğinizde, felaket ve krizden başka bir şey elde edemezsiniz.

Şimdi, 'ne' konusuna gelelim. Topluluk olduğunuzda ne oluyorsunuz – anneniz, babanız, saklanmak, paylaş-mamak – konuştuğumuz tüm şeyler.

Siz ne oluyorsunuz? Sadece doğru.

"Kim"leri yaşarken parayla ne yapıyorsunuz? "Kimkö-yü"nde yaşıyorsunuz, yani "kakaköyü"nde.

Siz ne oluyorsun? Başka herkesin düşünceleri ve duyguları oluyorsunuz. Ve bu gerçekleştiğinde, nedir?

Bu bir yalan. Doğru değil.

Siz değilsiniz.

Ama gerçek anlamda, yalan söylerken ne oluyorsunuz? Bu size nasıl görünüyor? Siz ne oluyorsunuz?

Yorgun. Sıkışıp kalmış. Bu 'ne' oluyor.

Yani burada 'kim' oluyorsunuz – babanız, anneniz, toplumunuz, dünya, değil mi?

Ve şimdi siz 'ne' oluyorsunuz, yani köle, "yapamam, yapmayacağım".

'Ne' bir yalan. Ve 'kim' olduğu sizin bile değil, ama siz onu gerçekleştiriyor ve yaşıyorsunuz. O zaman siz köle olursunuz. Hastalıklı olan. Kronik, yorgun olan. "Ne kadar uğraşırsam uğraşayım... Çok şey yaptım... Şimdiye her şey değişmiş olmalıydı. Çok para harcadım."

İnandığınızda ne olur biliyor musunuz? Bedeninizi geride bırakırsınız.

Dolayısıyla, uğruna her şeyi riske attığınız ve bedeninizi geride bıraktığınız tüm 'ne'lerin – bu daralma enerjisinin – temelli olarak değiştirilmesi gerekir.

Çünkü kendim için seçim yaptığımda, kendimi adadığımı ve beni kutsamak için plan yapan evrenle iş birliği yaptığımı biliyorum. Ben yaratıyorum; ben dahil herkesi önemsiyorum.

Ama aslında daha da akıllıyım ve biri bana bir şey söylediğinde ya değiştirmek istediğini ya da bana yalan söylediğini anlıyorum.

Birine açık talebi olmadan yardım etmeyi seçerseniz, size karşı kızgınlık geliştirme riski vardır. Ve sonra bu size tutkal gibi yapışacaktır.

Dolayısıyla, bedeninize kilitlediğiniz, finansal gerçekliğiniz olarak 'kim' ve 'ne' yarattığınız tüm nefretlerinin, tüm yansıtmalarının, tüm ayrılıklarının düzeltilmesi gerekir.

13

NAKİT VS PARA

Paranın size hissettirdikleri ile nakit paranın hissettirdikleri arasındaki farkı hiç düşündünüz mü? Birinin diğerinden daha yoğun olduğunu hiç hissettiniz mi?

Esasen *Nakit Akışı Eksikliğini Kaybetmek* adında bir atölye – bir telekonferans serisi – yaptım. Nakdin para olduğunu bilmeme rağmen sekiz haftamı sadece nakit üzerine harcadım.

Sadece ayrı bir şey var ve bu konuda size doğrudan bir cevabım yok. Size kendi ilginç bakış açımı aktarabilirim.

Bankada param, emekliliğim ve yatırımlarım olduğunu biliyorum. Nakit param olduğunu da biliyorum. Ancak sahip olmak istediğim nakit, paramdan farklı bir şekilde olacaktır. Tüm param cüzdanıma sığmayacak olsa da cüzdanımda olmasını isterim.

Seyahat ederken, ki dünya çapında çok seyahat ediyorum, nakit bulundurmayı, hem de çok nakit bulundurmayı seviyorum. Örneğin Hindistan'dayken kartınız çalındığında ve Amerika'ya geri dönemediğinizde, cep telefonunuza sizin olduğunuzu bildirmek için göndermeleri gereken kodu alamadıkları için sizin siz olduğunuzu bilmediklerini, paranız olmadığını ve paranızla hiçbir yere gidemediğinizi her zaman bilmek isterim – bu, içinde olmak istemediğim bir enerjidir.

Ben de birçok kez bu duruma düştüm ve birçok kez banka hesabımda sıfır olduğunu gördüm.

Bu yüzden hem param hem de nakdim olmasını seviyorum. İkisiyle de oynamayı seviyorum. Bu benim kendi bakış açım. Ve buna dair bir sürü yalan da olabilir. Bu bana bir katılımcıyla olan atölye etkileşimimi hatırlattı. Ben nakit ve para hakkındaki görüşlerimi anlatırken, o da kendi merakıyla karşılık vermişti.

Dedi ki, "Bu gerçekten çok iyi. Açıkladığınız için teşekkür ederim çünkü bu konuyu başka bir yere taşıyor. Nakit para söz konusu olduğunda, sizin de belirttiğiniz gibi, paranın daha rahat ve güvenli hissettirdiğini fark ediyorum çünkü neredeyse elle tutulamaz. Nakit para somut ve belki de büyüdüğüm yerde bu miktarda nakit paraya sahip olmak çok dikkat çekiyordu ve gasp edilebilirdiniz. Bankaya gidip büyük miktarlarda nakit çekmek çok korkutucuydu."

"Nerede büyüdünüz?"

"Venezuela."

"Evet, çok iyi bilirim. Venezuela, iki kitap setinin ülkesi. Sizin gösterdikleriniz ve kimsenin bilmedikleri."

"Bunu söyledikten sonra, bunun arkasında bir yalan olup olmadığını merak ediyorum, çünkü para konusunda rahatım ama iş nakde gelince –"

"Burada bir yalan VAR. Az önce dediniz ki, "Nakit para taşırsam, soyulurum. Çalınırdı. İşte burada 'kim' var. Yalan bu."

Nakit paranın her zaman soyulmayla sonuçlandığı yalanıyla yaşıyordu. Ve tahmin edebileceğiniz gibi bu onun için pek çok sorun yaratmış olmalı.

Diyelim ki yalan bir tekerleğin göbeği ve siz buna inanıyorsunuz.

Bunu yerinde tutmak için tekerleğin jant tellerini tutmalısınız. Daha sonra tekerleği yerinde tutmak için etrafına jantı ve ardından lastiği koymanız ve bunu diğer tarafta tekrar yapmalısınız.

Sabit bakış açınıza o kadar sıkı sarılmışsınız ki paranızın çalınmasından başka bir şey aklınıza gelmiyor. Yani "Para gelsin, para gelsin, para gelsin" yerine, "Benden çal, benden çal, benden çal, lütfen. Benden al, benden al, benden al."

"Neyi çekersen onu alırsın" denir. Evren sizi kutsamak için plan yapar. Sizin ortaya koyduklarınızla onun size verdikleri arasında hiçbir ayrım yoktur. Siz tam olarak ne isterseniz onu verir.

Birinin size yalan söyleyeceğine inanırsanız, o yalanın peşinden gidersiniz. Birinin sizden çalacağına inanıyorsanız, o hırsızı kendinize çekersiniz. Birine yardım etmeniz gerektiğine ve onların kendilerine sağlayabileceğinden daha iyisini sağlayabileceğinize inanıyorsanız, eşyalarınız çalınır ya da telif hakkı alınır, her neyse.

Hepsi sabit pozisyonlardır. Ve potansiyelinizi sınırlarlar.

14

YARGILAR

Enerji şifası ve Theta Healing™ ile hayatımı tehdit eden bir hastalıktan kurtulduğumda, elimi insanların üzerine koyduğum için ruhsatlandırma kurullarının beni arayıp ruhsatımı elimden alacağından çok korkmuştum. Bu oldukça büyük bir yargı. Hiç böyle bir incelemeden geçtiniz mi? Ben birkaç kez yaşadım. Hiç eğlenceli değil. O yüzden böyle kararlar bulun.

Hayatınızdaki herhangi bir durumla ilgili olarak nerede deneyimlediyseniz o enerjiyi alın ve bedeninizde nerede hissettiğinizi algılayın. Şimdi, sadece bir an için, boşluk enerjinizi bir milyon mil genişletin, yukarı, aşağı, sola, sağa, öne ve arkaya, hâlâ bu yargının kafanızda ya da bedeninizde nereye çarptığını algılayın.

Bu her neyse – en büyük korkunuz, en büyük endişeniz – ve her neredeyse – önünüzden, arkanızdan, sağınızdan, solunuzdan, ayaklarınızdan yukarı, başınızdan aşağı enerji soluyun.

Şimdi dünya kadar büyük olun.

Ve daha büyük ve daha büyük, hâlâ bu yargıyı algılayarak.

Şimdi o yargıyı çekin – "Ben deliyim, sen delisin, sen bir pisliksin, yaptığın şeyi yapmamalısın, bu lisansı, bu lisansı hak etmiyorsun, sen sadece narsistsin, sadece paramı istiyorsun, sen bir kaçıksın. Vurulmalısın, öldürülmelisin, sakat bırakılmalısın, işkence görmelisin, bağırsakların deşilmeli (bu başka bir ömür boyu sürer) – her neyse, sonuna kadar çekin.

Şimdi o molekülü çevirin, eğer hâlâ oradaysa o enerjiyi bedeninizde nerede algılıyorsanız. Bu yargıyı farkındalıkla gönderene iade edin ve bana ne fark ettiğinizi söyleyin.

Daha hafif, daha geniş mi, yoksa daha yoğun ve daha daraltıcı mı hissettiniz?

Bir, yargıya kilitlenmediniz. İki, yargıyı aldınız ve onu boşluk olarak genişlettiniz. Yargı ve yoğunluk boşlukla vurulduğunda, yoğunluk serbest kalır ve boşluk galip gelir.

Çoğumuz daralır ve savunmaya geçer. Bir avukata gideriz. Öyle değil mi? Sıkıştırır ve savunuruz.

Bunu yargılayarak yapmak yerine, ki bu yapılması gereken içsel bir şeydir, alan olarak genişleyerek, onu içinize çekerek, bedeninize onun ötesinde ne olduğunu sorarak ve alan yaratarak patlatırız, bu da size daha fazla seçenek, daha fazla seçim, daha fazla olasılık verir ve artık başka birinin katran bebeğine sıkışıp kalmazsınız.

Söylediklerimi ya da sizi yönlendirdiklerimi yapın çünkü bu, sizin için gerçek olan finansal gerçeklik yerine kendinizi dönüştürdüğünüz 'kim' ve 'ne' yalanından kurtulmanız için alan açacaktır.

Seçim, olasılık, yaratım ve üretim içinde olduğunuzda, ekleme yaparsınız.

O hâlde almaktan korktuğunuz tüm yargıları biraz daha fazla alır mısınız ki gerçekten sizin olan finansal refah ve bolluğu gerçekten alabilesiniz?

Dolayısıyla, yargı kararlarını elinizde tuttuğunuz sürece, sahip olabileceğiniz para miktarını ve insanlardan alabileceğiniz para miktarını sınırlamış olursunuz. Bu gerçekten garip bir şey, yani bu da başka bir yalan.

Yalan, yargıları engellerseniz özgür olacağınızdır.

Ama demek istediğim, eğer yargı kararlarını finansal olarak alırsanız, daha fazla paranız, daha fazla nakit paranız ve daha fazla seçeneğiniz olacaktır.

Peki her gün yüz milyon dolar yaratmak için ne gerekir? Neden yüz milyonu kullanıyorum? Çünkü içinde çok fazla yargı var ve aynı zamanda etrafına herhangi bir biçim, yapı veya anlam bile koyamayacağınız çok fazla yol var. Yoğunluk uzayla karşılaştığında, yoğunluk dağılır. Alan yoğunlukla karşılaştığında, alan üstün gelir. Boşluk galip geldiğinde, seçim, olasılık, katkı.

Para gelsin, para gelsin, para gelsin, para gelsin.

Benimle birlikte söyleyin: "Para gelsin, para gelsin, para gelsin" ve bunun sizin için nasıl bir his olduğunu algılayın.

İşte ödeviniz:

Kendinize "Benim finansal gerçekliğim ne?" diye sorun. Bunu yazın ve aynanızın üzerine yapıştırın ya da not defterinize yazın veya ses kayıt cihazınıza söyleyin.

Eğer 'kim' ya da 'ne' kavramlarındaysanız ya da yargıları görmeyi reddediyorsanız, kendinize "Bu ne yaratacak?" diye sorun. Bu aynı soru ama iki farklı bakış açısı.

Finansal gerçekliğinizin enerjisini, alanını ve bilincini gerçekleştirmek istiyorsunuz ve finansal gerçekliğinizi gerçekten alabilmeniz için 'kim', 'ne' ve yargıları almayı reddetmenin gerçekleşmesini temizlemek istiyorsunuz.

"Peki, finansal gerçekliğimi hemen elde etmek için bugün ne olabilirim ya da ne yapabilirim?"

Kendiniz olmayı seçmelisiniz. Kendinizi adamayı seçin. Sizi kutsamak için plan yapan evrenle iş birliği yapmayı ve yaratmayı seçin.

Yani, tekrar soruyorum:

Bu ne yaratacak? Kim oluyorum?

Ne oluyorum?

Hangi yalanlara kanıyorum?

Eğer bu sizin finansal gerçekliğinizin bir parçasıysa, o zaman yargıları kabul edin ve kendiniz için seçmeye, kendiniz için yaratmaya, sizi kutsamak için plan yapan evrenle iş birliği yapmaya ve sonra da doğru olduğunu bildiğiniz şeye kendinizi adamaya devam edin.

Unutmayın, siz sonsuz olasılıklar yaratabilen sonsuz bir varlıksınız.

Kendinizi asla sınırlamayın. Asla kısıtlamayın. Asla dört duvarın arasında tutmayın. Asla kendinizi yok etmeyin.

Ve gerçek finansal gerçekliğinizle sevdiğiniz şeyi yapmaya başlayın.

15

IŞIK, DOĞRULUK VE ENGİNLİK

Bir an durup bedeninizi ve zihninizi fark etmenizi istiyorum – nasıl hissettiğinizi ve hissettiğinizi çünkü bu bölümün sonunda daha farklı, daha ferah hissedebilirsiniz.

Önce kısa bir hikâye paylaşayım; atölye çalışmalarımda yaptığım eğlenceli küçük bir şey. Genellikle, para ve finansal özgürlük üzerine atölye çalışmaları sırasında, dersin başında bir tomar para çıkarırdım... çünkü eğlenceliydi. Ve gerçekten de yüz dolarlık banknotlara karşı bir takıntım olduğu ortaya çıktı. Bu kâğıt parçasına çok fazla enerji veriyoruz, değil mi? Bunun da ötesinde, 14 ayar altın bir para klipsini bir arada tutmak gerçekten harika hissettiriyor.

Bunu söylüyorum çünkü pek çok projeksiyonu, yargıyı, korkuyu, arzuyu ve öfkeyi gündeme getiriyor. Yaşamak için yaptığım şey de bu – böyle bir şey üzerine tüm bu şeyler hakkında konuşmak.

Bu yüzden bilerek önce bir tomar para getirirdim. İnsanların paranın gerçekliğine, fiziksel olarak ne olduğuna bakmalarını sağlardım. Ve siz okuyucularımın da aynısını yapmasını istiyorum.

Ben de dahil olmak üzere kaçınız yüz dolar, hatta bir dolar kazanmak için kendinizi büktünüz, katladınız, sakatladınız ve zımbaladınız?

İşte bu yüzden paranın yalanlarını ortaya çıkarmamız gerekiyor, çünkü onu elde etmek için kendimizi ne kadar zorlayabiliriz. En azından gerçeğini bilmeyi hak ediyoruz.

Köklü yalanları ortaya çıkarmak son derece zor olabilir. Hayati tehdit taşıyan hastalıkları ilaçlar, hastaneye yatışlar, anestezi veya benden ve kendi seçimimden başka kimsenin yardımı olmadan tedavi edebileceğimi öğrenmeye başladığımda, bir koç, bir terapist ve bir psikoloji doktoru olarak danışanlarımın bunu bilmesi gerektiğine karar verdim.

Bu yolu seçtiğim için gergindim ama benim için önemli değildi çünkü bir hastalığım vardı. Kanepedeydim ve kalkamıyordum. Acı içindeydim.

İşimi, muayenehanemi, emekliliğimi, birikimlerimi, evimi kaybettim – bir açıdan her şeyimi kaybettim.

Aranızda hiç parayla ilgili olarak hiçbir şeyinizin olmadığı bir noktaya gelen oldu mu? Kimsenin başına gelmesini istemem ama gerçek hikâye bu.

Hayatımda bana sıfırlardan başka bir şeyin bakmadığı bir dönem vardı. Başvurabileceğim kimse yoktu, sorabileceğim kimse yoktu, elimde hiçbir şey kalmamıştı ve bir karar vermek zorundaydım; ne pahasına olursa olsun, paraya sahip olmama izin vermeyen, paraya sahip olmama izin vermeyen her neyse onu değiştirecektim.

Ve öğrendiğim şey, bunun benim dışımdaki hiçbir şeyle ilgisi olmadığıydı.

Her şey içimde olanlarla ve inanç sistemlerimle ilgiliydi.

"Bende bir sorun olmalı ki herkesin elde ettiğini ben elde edemiyorum." diyen parayla ilgili bu yalanlar nedir?

Gerçek şu ki, sizin hiçbir sorununuz yok. Bu sadece bir seçim.

Benim neyim vardı da paraya sahip olamıyordum? Yani, çok para kazandım. Bir sürü diplomam, eğitimim ve öğretimim var. Her zaman çalışabilirdim. Sekiz yaşımda gazete dağıtmaya başladım ve on dört yaşımda Dunkin' Donuts'ta çörek yaparak çalıştım.

Her zaman param oldu ve çalıştım ama para konusunda hiçbir zaman rahat olmadım.

Ortaya koyduğum her kuruşu her zaman kazandım. Eğer çalışmazsam, para kazanamazdım. Bunu çok erken yaşta babamdan öğrendim, minnettarım, ancak daha sonra bazı sorunlara da neden oldu.

Öldüğünde Avustralya'da denizaşırı bir ülkedeydim. Hasta olduğunu ya da vasiyeti yerine getirme görevini bana bıraktığını bile bilmiyordum. Hiçbir yedek planım yoktu ve bu hayati tehlike arz eden hastalıktan sonraydı.

Sıfır ile ilk anım, bir benzin istasyonunda durmak, profesyonel olarak lisanslı, eğitimli bir kişi olarak nasıl benzin alacağımı bilmemek, yutması oldukça zor bir haptı. Ne halt edeceğimi anlamaya çalışırken kelimenin tam anlamıyla hüngür hüngür ağladım. Böyle bir şey hiç başıma gelmemişti.

Bahsettiğim şey bazılarınıza biraz aşırı gelebilir çünkü böyle bir deneyiminiz yok.

Anlıyorum. Ancak birlikte çalıştığım uygulayıcılara her zaman şunu söylüyorum: Bir şeyi ancak kendiniz ne kadar ileri gittiyseniz o kadar öğretebilir ve kolay-laştırabilirsiniz.

Para hem mücadele ettiğim hem de çok başarılı olduğum bir konu. Ve hâlâ gelişmekte olduğum bir şey çünkü tüm finansal sorunları çözmüş değilim ve yine de mükemmellikten değil ilerlemeden yanayım.

İstediğim şekilde yüzde yüz hazır değilim ama size şunu söyleyebilirim: Ne pahasına olursa olsun, neyi kaybetmek zorunda kalırsam kalayım, neyi kapatmak zorunda kalırsam kalayım, nereye taşınmak zorunda kalırsam taşı-nayım, ne yapmak zorunda kalırsam kalayım, dünyanın hangi köşesi beni çağırırsa çağırsın, oraya ulaşacağım.

Hafif ve doğru olanı ve benim için finansal, duygusal, ruhsal ve fiziksel olarak en iyi olanı seçeceğim.

Para bana böyle geliyor, gerçek ve ışıkla.

Para eğlence partisine gelir. Para sizin için hafif ve doğru olana gelir. Para, kendiniz için doğru yaşadığı-nızda gelir. Otantik olduğunuzda para gelir. Para mutlu olduğunuzda gelir.

Her şeyi bildiklerini söylediklerinde kolaylaştırıcılık yapan insanları dinlemekten hiç hoşlanmadım. Her şeyi bir araya getirdiklerinde ve her şeyi bildiklerinde ya da orada bulunduklarında ve bunu yaptıklarında gerçekten güvenmiyorum. Buna güvenmiyorum. Ben otantik, gerçek bir hikâyeye güvenirim.

Hepimizin eşyaları var. Hepimizin yükü var.

Hayatınızın tüm bu alanları vardır – fiziksel, zihinsel, duygusal, ruhsal, psikolojik, psiko–somatik, psiko–enerjik, psişik, ilişkisel. Her zaman sizin için gerçekten iyi işleyen dört ya da beş alan vardır ve sonra bir ya da iki ya da üç tanesi çalışmaz.

Benim ve birlikte çalıştığım birçok danışanım için en çok zorluk yaşadığım alanlar para, beden, sağlık ve ilişkiler.

İskeletlerimi ve dolabımda ne olduğunu biliyorum – maruz kaldığım istismarlar – ve her gün Amerika'nın Sesi programımda haftada 205.000 dinleyiciye istismarın, finansal istismarın, cinsel istismarın, sınırlamaların ve kısıtlamaların ötesine geçerek radikal canlılık olarak adlandırdığım, sizin için seçmek, size bağlanmak, sizi kutsamak için plan yapan evrenle iş birliği yapmak ve sonra yaratmak anlamına gelen şeye geçmek hakkında konuşuyorum.

Bugün, halının altında saklanan hiçbir şey yok. Hiçbir şeyden korkmuyorum. Her şeyle yüzleşebilirim. Her şeyi kaybettim. Hepsini kazandım. Taşındım. Muayenehanemi bıraktım. Bir işi bıraktım. Yeniden yarattım. Kapattım. Tekrar yarattım.

Kitaplar yazdım. Kitaplar çıkardım. Kitap çıkarmadım.

Hangi travma, hangi trajedi ve hangi hikâyeye sahip olursam olayım, benim için doğru ve hafif olanı seçmeye devam ediyorum.

Bedeniniz, ilişkileriniz ve işinizle ilgili arzu ettiğiniz her şeye sahip değilken, parayla ilgili arzu ettiğiniz her şeye sahip olamamanızı fiilen gerçekleştiren trajedinizden, travmanızdan ve hikâyenizden biraz vazgeçmeye istekli olur musunuz? Belki sadece bir derecelik bir değişim?

Hala konuşmamız gereken dünyanın geri kalanı var ve eğer bir uygulama yapmak ve insanların size gelmesini istiyorsanız, onları anlamadıkları bir dille yabancılaştıramazsınız, değil mi?

Bir derece kayma benim yolum, bu yüzden herkesi kapsıyorum – herkes bir seçim yapabilir.

Ne yaparsanız yapın, hepinizi tanımıyorum. Bir çeşit şifacı olduğunuza inanıyorum – uygulayıcılar, eğitimli arayışçılar.

Her birinizin kendi ROAR'ının – kendi tsunaminizin, volkanınızın, depreminizin fiziksel gerçekleşmesi – içinizde yaşadığını ve özgünlüğünüzü gerçekleştirerek dünyayı değiştirdiğinizi gerçekten derin bir şekilde hissediyorum.

Peki tüm bunların parayla ne ilgisi var? Bununla ilgisi var: Gerçek, hafif ya da ağır.

Hafif, mükemmel bir şampanya gibi kabarcıklı ve geniştir. Kabarcıkların tepede iyi olduğunu bilirsiniz.

Yoğunluk, ağırlık, bir topun içinde sürünmek gibidir. Belki bağırsaklarınızda hissedersiniz. Daralmıştır. Bu bir sınırlamadır. Biraz yorulabilir ya da büyük bir esneme hissedebilirsiniz.

İşte size sorum ve sonra bunun size nasıl hissettirdiğine siz karar verin, Gerçek, Hafif veya Ağır.

Finansal gerçekliğinizi yaşıyor musunuz? Gerçek mi? Hafif mi ağır mı?

Cevabınız evet ise, arzu ettiğiniz her şeye sahip misiniz? Gerçek mi? Hafif mi ağır mı? Doğru ya da yanlış yok.

Şimdi bu kitabın özünü oluşturan üç temel soruyu tekrarlayacağım. Konu para olduğunda bunu her zaman kullanabilirsiniz. Onları bir yere yazın:

1. *Kim oluyorsunuz?*
2. *Ne oluyorsunuz?*
3. *Hangi yalana kanıyorsunuz?*

. . .

Öyleyse "Kim oluyorsunuz, ne oluyorsunuz ve hangi yalana kanıyorsunuz?"

Çok basit.

Şimdi, bu para, nakit ya da buna benzer şeylerle ilgili görünmeyebilir, ama size şunu söyleyebilirim ki, bu gece bir şey görmeye başlayacaksınız – finansal gerçekliğiniz olduğunu düşündüğünüz şeyin öyle olmadığını ve finansal gerçekliğinize koyduğunuz enerjinin öyle olmadığını. Ve gerçek sandığınız ama aslında öyle olmayan yalanı ortaya çıkaracaksınız.

Aslında banka hesabınızda, işinizde, cinsel ilişkilerinizde, ilişkinizde, ebeveynliğinizde, hayvanlarınızla ilişkinizde, arabalarınızla ilişkinizde, Dünya ile ilişkinizde giymekte olduğunuz at gözlüklerini, pelerini, kostümü çıkarmaya başlayacaksınız.

Ve pelerini açmaya başladığınızda, kendinizi de açmaya başlarsınız.

İşte o zaman KÜKRERSİNİZ, gümbürtünün, depremin, tsunaminin, volkanın fiziksel olarak gerçekleşmesi – benzersiz ve yalnızca siz – ortaya çıkmaya başlar.

İşte o zaman takdiri ilahi de harekete geçer ve işler yoluna girmeye başlar.

Size park yeri verenler park melekleri değil, dostlarım.

Daha fazla kendiniz olmak için adım atıyorsunuz.

Örneğin, bir keresinde 90 gün önceden haber verdikten sonra tüm çalışanlarımın işine son verdim. Her bir kişinin. Bu benim işim açısından aldığım en büyük riskti – çünkü işimde işe yaramayan bir şey yapıyordum. İnsanların benim için çalışmasını sağlamaya çalışmak işe yaramıyordu.

Olduğum bir enerji vardı – telefon oyunu gibiydi. "A görevini tamamla" diyordum ve bu Mandarin, Rusça ve İspanyolca bir şeye dönüşüyordu ve bana geri döndüğünde, "İşte, yaptım" diyorlardı, ben de "Ama tam olarak istediğim bu değildi" diyordum.

Bu biraz uç bir örnek, ancak açıklayabileceğim en iyi örnek bu.

Ve sonra para kazanmam gerektiği yalanının etrafında başka bir enerji vardı, bu da kendimi iliklerime kadar çalıştırmaktı. En başta babam hakkında söylediklerime dikkat edin: gerçekten çok çalış ve hiç rahat etme.

Bunu 90 gün içinde yapmak bir tıkınma ve arınma değildi. Zamanlama çok pragmatikti. Şöyle derdim: "30 güne yaklaşıyoruz; işte ulaşmamız gereken şey. İşte hedef. Bunu yapalım, vs. vs vs.." Başından beri çok netti ama söylemeliyim ki çok korkuyorum.

Kesinlikle, tamamen savunmasız.

Eski bir akıl hocam bana "Onları elinizde tutmanın size maliyeti nedir? Personelinizi elde tutmak size ne kadara mal oluyor?"

"Sağlığım, gri saçlarım. Biraz daha alacağım."

Sonra dedim ki, "Beni gerçekten gitmek istediğim yere götürebileceğini düşündüğüm ve kitaplar, sertifika programı ve tüm bunlarla bu gezegenden travmaya geçiş yapmak için gerçekten yapmak istediğim şeyi yapabileceğimi düşündüğüm diğer pazarlama firmasıyla gitmek istiyorum."

Bunu sizinle paylaşıyorum çünkü ben bunu gerçekten yaşıyorum. Para yalanıyla yaşamayı reddediyorum ve artık paranın kölesi olmayı reddediyorum. Artık istismarın kölesi olmayı reddettim, tıpkı hafif ve doğru olan ve ROAR'ımın (Radically Orgasmically Alive Reality) bir parçası olan şeylerden başka bir şeyin kölesi olmayı reddettiğim gibi.

Hepiniz bu konuda bana katılmak ister misiniz? Ve daha fazla yaşamanıza, daha fazla bilmenize, daha fazla olmanıza, daha fazla almanıza ve bu gerçekliğin ötesinde gerçekten kim olduğunuzu algılamanıza ve onu bu gerçekliğe getirmenize izin vermeyen her şeyi bırakın.

Atölyelerimden birinden bir etkileşimi paylaşarak size nasıl çalıştığını göstermeme izin verin. Paranın Yalanları konusunu tartışıyorduk ve odadaki enerjinin değiştiğini hissedebiliyordum. "Dikkat edin... burası ağırlaşıp yoğunlaşıyor mu yoksa hafifleyip özgürleşiyor mu?" diye sordum. Katılımcılar oybirliğiyle "Daha hafif" yanıtını verdi.

Cesaretlenmiş hissederek, "Sormak istediğiniz bir şey var mı?" diye sordum.

Katılımcılardan biri konuya girmeden önce tereddüt etti. "Tanrım, çok fazla şey var. İşimle başlayalım. Saatlik ücret alıyorum ve büyük bir maaş işi ve nihayetinde kendi şirketim olsun istiyorum. Orada olabileceğimi bildiğim hâlde burada olduğum için kendimi gerçekten çok kızgın hissediyorum."

"Peki buradayken kim oluyorsun?" Somutlaştırdığı enerjiyi merak ederek sordum.

"Annem," diye itiraf etti bir hayal kırıklığı duygusuyla.

"Peki işinizde anneniz olmanın nesini seviyorsunuz? Her gün seninle birlikte işe gelmenin nesini seviyorsun? İş molalarını annenle geçirmeyi" diye sordum, altta yatan dinamikleri keşfetmesini istiyordum.

"Berbat," diye cevap verdi, hoşnutsuzluğu belliydi.

Sonra, soruşturmayı diğerlerini de kapsayacak şekilde genişlettim. "Peki kaçınız annelerinizle aynı şeyi yapıyorsunuz? Peki siz kim oluyorsunuz, anneniz mi? Annen olmanın nesini seviyorsun?"

Bir başka katılımcı da "Güvenli," dedi.

"Tamam. O zaman bana anneni yanında taşımanın, onun için yemek yemenin, onunla birlikte düşünmenin, orada olmak istediğin hâlde burada kalarak işlerinle ilgili kararlarını onunla birlikte vermenin nesinin güvenli olduğunu söyle. Gerçek. Hangi yalana göre yaşıyorsun?"

"Bunu elde edene kadar yeterince iyi değilim," diye itirafta bulunan katılımcı, derinlere kök salmış bir inancı gözler önüne serdi.

"Onun istediği şeye sahip olacak kadar iyi değilsin. İstediğin şeye sahip olmak için yeterince iyi değilsin. Gerçek bu. 'İstediğime sahip olmak için yeterince iyi değilim'in yüzde birinden vazgeçmek isteyen var mı?" Diğerlerini de düşünmeye davet ettim.

"Peki istediğiniz şeye sahip olmak için yeterince iyi olmamanın nesini seviyorsunuz?" diye devam ettim.

"Kendimi ortaya koymak zorunda değilim," diye itiraf etti.

"Ve eğer saklanırsan ve kendini ortaya koymazsan, siz ve anneniz masanızın ve maaşınızın, saatlik ücretinizin arkasında kalırken bunun en iyi yanı nedir? Ve asla olmak istediğiniz yerde olamayacaksınız?"

"Saklanabilirsiniz," diye onayladı.

"Biliyorum," diye empati kurdum. Taşıdığı duygusal ağırlığı hissediyordum.

"Tek yaptığım onun enerjisiyle bağlantı kurmak ve kelimeler de buradan geliyor. Göğsündeki daralmayı hissedebiliyorum ve bir tür boyun eğiyor. Ama bizim yaptığımız bu," diye ekledim, tanıdık kalıpları fark ederek. "Annesine bağlı kalmayı seçerek istediği şeye sahip olamamakla ilgili bir karar veriyor. Bunun para akışınızı etkileyeceğini düşünüyor musunuz?"

"Evet," diye cevap verdi, etkiyi kabul ederek.

"Enerjik olarak mı? Anneniz parayı sever miydi?"

"Hayır."

"Anneniz işini sever miydi?"

"Hayır."

"İş yerinde olmak istemediği hâlde iş yerinde mi kaldı?"

Katılımcı, "Şu anda emekli olabilir ama değil," diye paylaştı.

"Yani iş yerinde kalmak istemediği hâlde iş yerinde mi kaldı?"

"Evet."

"Aynen öyle. İşinize devam etmek istememenize rağmen devam mı ediyorsunuz?"

"Evet," diye itiraf etti, paralelliği fark etmişti.

"Şimdi, lütfen, sizin için hafif ve doğru olmadıkça, buradan ayrılmayın ve başka bir şeyiniz yoksa işinizi bırakmayın çünkü bence pragmatik olmanın da bir yolu var." Gerçek dünyadaki kararların karmaşıklığını anlayarak uyarıda bulundum.

Ona dedim ki, "İşin sana para kazandırıyor, ama işin ve ROAR'ın gerçekten olmak istediğin yer – ve bu sana para dahil her şeyi kazandıracak. Çoğumuz para için kalmayı seçiyoruz ve senin seçtiğin şeyi seçerek varlığı-mızı ihmal ediyoruz."

Bu muhteşem insan, kendisine ait olmayan bir finansal gerçekliği seçiyordu. Bazılarınız annelerinden ayrılmak istemiyor. "Annemi Trenden Atın" diye bir film vardı. İzlemek isteyebilirsiniz.

Kaliforniya'da 15 yıl boyunca LEAP adında bir atölye çalışması yaptım, bu *programın açılımı Yaşam Güçlendirme Eylem Programı* idi. Bir gün elimize büyük beyaz bir kâğıt parçası aldık ve asistanlarımdan biri üzerine para çizdi. Herkesten siyah bir kalem almasını istedim ve "Parayla ilgili tüm öngörülerinizi yazın – tüm nefretlerinizi, tüm yargılarınızı" dedim.

Belki üç tane olur diye düşünmüştüm.

Aman Tanrım, artık parayı bile göremiyordum.

Şimdiye kadar gördüğüm en korkunç ifadeler yazılıydı – ve ben çok yüksek sesle konuşulan, yakıcı bir ortamda yaşayarak büyüdüm.

Örneğin, *"İlerlemek için ruhunu şeytana satmalısın."*

Bu sizi paradan uzaklaştırmanın kesin bir yoludur. Ama biz bunu her zaman gizlice seçiyoruz.

Burada tekrar edemeyeceğim şeyler vardı çünkü kulağa çok korkunç gelebilirdi. Ama zaten biliyorsunuz – parayla ilgili yargılar, tahminler, ayrılıklar, beklentiler, kızgınlıklar, reddedilmeler ve pişmanlıklar bu dünyanın dışındaydı.

Ve o anda kendi kendime, yeterince sahip olmamalarına şaşmamam gerektiğini, çok çalışmak zorunda olduklarını ve ne kadar uğraşırlarsa uğraşsınlar borçtan asla kurtulamadıklarını, her zaman borç içinde olduklarını düşündüm.

Para kazanabilmelerine, ama asla sahip olamamalarına, biriktirememelerine ya da harcayamamalarına, asla tatile çıkamamalarına, kendi başlarına yaşayamadıkları için üç işte çalışmak ya da kendilerine para vermesi için başka biriyle evlenmek zorunda kalmalarına ya da borç almak ve ailelerinden, kredi kartlarından ya da kurumlardan borç almaya devam etmek ve tekrar tekrar iflas etmek zorunda kalmalarına şaşmamalı.

Kendinizi duyabilmeniz için anne ve babanızı, tüm kültürü, Vatikan'ı ve inandığınız diğer kiliseyi bedeninizden çıkarmalısınız.

Bu "Ben kim oluyorum?" sorusudur. Şimdi 'ne' oluyorsun?

Anneniz olduğunuzda, para şeytanın vücut bulmuş köküdür, 'ne' oluyorsunuz? Gerçekleştirdiğiniz yalanlar tarafından baskı altında tutulan, korkmuş, felç olmuş, daralmış bir çocuk oluyorsunuz.

Bu yüzden hafif veya ağır hissettiğiniz alana odaklanın çünkü alan yoğunlukla karşılaştığında yoğunluk dağılır. Bedeniniz biraz daha fazla boşluk hissettiğinde, orada yoğunluk olsa bile, boşluğa odaklanın.

Çoğumuz yoğunluğa odaklanırız ve yoğunluk yalandır.

Bir yalanı değiştiremezsiniz. Sadece mekânı ve gerçeği değiştirebilirsiniz.

Boşluk, gerçek, içinizdeki hafifliktir, bu yüzden içinizdeki boşluk moleküllerine odaklanın ve içinize daha fazla adım atana kadar dönmeye, dönmeye ve dönmeye devam etmelerini isteyin.

Bir dereceyi nasıl yaptığınıza bakın. Böyle bir alan elde etmek için bir derecelik bir değişim var. Bu bir başarıdır.

16

ÜCRETLENDİRİN

Sizi kutsamak için plan yapan evrenle iş birliği yapmak aslında evrenin arkanızda olduğunu bilmektir, ancak siz arkanızda olana kadar evrenin arkanızda olduğunu bilemezsiniz.

Kaç kişi size arkanızı kolladıklarını söylemeye çalıştı ve siz de "Asla olmaz. Uzak dur." dediniz.

Çünkü kendi arkanı kollamanın ne demek olduğunu bilmiyorsun. Kendimiz için seçim yapmaya, kendimizi adamaya başlayana kadar hiçbirimiz gerçekten bilmiyoruz.

Dünyada nasıl var olacağımı bilmemin tek yolu, birilerinin beni gerçek ve mecazi anlamda beceriyor olmasıydı. Bu algıyı yıkmak ve yeniden kurmak ve dünyada beni becermek istemeyen iyi insanlar olduğunu yaymak için çok çalışmam gerekti.

Daha zor olan kısım ise dünyada beni umursamayan ve üzerime yürümek isteyen insanlar olduğunu yaymaktı.

Her şeyin farkında olmalısınız.

Neden bilmiyorum ama benden hoşlanmayan bazı insanlar var. Sizden hoşlanmayan bazı insanlar olduğunu bilmiyor musunuz? Ve ilk karşılaşmada hoşlanmadığınız ve nedenini bilmediğiniz insanlar yok mu?

Tıpkı küçük yeğenim dört yaşındayken annem onu sirkteki file bindirmeye çalıştığında söylediği gibi: "Benim için değil, anne. Bana göre değil."

Kendi arkamı nasıl kollayacağımı ve bunu nasıl değiştireceğimi öğrenmek zorundaydım. Eski bir akıl hocam bana hep şöyle derdi: "Yaşadığın onca şeye ve maruz kaldığın –seçtiğin ve yaşadığın– istismarlara rağmen nasıl oluyor da bu kadar nazik olabiliyorsun, insanları gerçekten önemsiyorsun ve onların değişimine, büyümesine ve dönüşümüne kendin kadar yatırım yapıyorsun?"

"Hiçbir fikrim yok. Herkes böyle değil mi?"

İşte o zaman içimde bir farklılık olduğu gerçeğine bakmaya başladım. Şimdi, her birinizin içinde bir farklılık olmadığını söylemiyorum. İşte Ruh Baskısı da bununla ilgili.

Ruh izi kendi eşsiz parmak izimizdir, ruhumuzun eşsiz karakteri ve konturudur, KÜKREMEMİZDİR. Eğer bir işimiz, hedefimiz ya da adına ne derseniz deyin, bu niyet o KÜKREMEYİ, ruh izinizi bu gerçekliğin dudaklarında açığa çıkarmaktır.

Benim ROAR'ım derslerimle, uygulamalarımla, yazılarımla, radyo programımla ve gezegenden travma geçişiyle, istismar, sınırlama ve daralma kafesinin ötesine geçerek radikal canlılığa doğru ilerleyerek yaptığım şeydir. Ben hep bunun için varım. Her gün bunun hakkında konuşuyorum. Her gün bunun hakkında yazıyorum. Amerika'nın Sesi'nde bu konu hakkında nasıl 100'den fazla program yaptım bilmiyorum çünkü şu anda sıkıldığımı düşünürdüm ama programlar yaratılmaya devam ediyor.

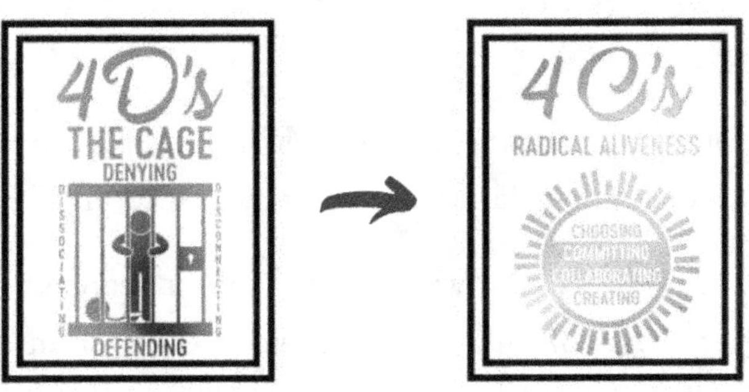

Pek çok insan radyo programına katılarak kolaylaştırıcı olmak istiyor. Geçenlerde Suudi Arabistan'dan arayan bir bayan vardı ve Skype üzerinden bir masanın altında konuşmak zorunda kaldı çünkü bu konuda soru sorduğu öğrenilirse öldürülecekti. Suudi Arabistan'daki o bir anlık boşluk dışında kendisi için doğru olanı söyleme şansını asla elde edemeyecek böyle başka bir kişi için o programı yayında tutuyorum. Bu benim ruhumun izi.

Hepiniz ne yapacaksınız bilmiyorum ama bir şeyler değişecek. Yatırım yaptığınız ve dahil olduğunuz insanlar ve şeyler – çocuklarınız, aileniz, para akışınız – değişecek çünkü farklı bir şekilde bakacaksınız. Hesabın düştüğünü gördüğünüzde ve bedeninizde o tanıdık hissi hissettiğinizde, belki de "Şu anda ben kim oluyorum?" diyeceksiniz.

Enerjiyi değiştiren, sizi uyandıran ve "Tamam, eğer şu anda bunu yapıyorsam, bu nasıl bir his?" dedirten her neyse.

"Bu oldukça korkunç ve endişeli hissettiriyor. Benim için daha hafif ve daha doğru olan neyi seçebilirim?"

Telefonu elinize alın ve birini arayın, bir seans alın ya da her neyse. Bir apartman dairesi ya da ev satın. Her neyse – işte, paranız var.

"O tanıdık duygu ve banka hesabı battığında ben ne oluyorum?"

"Şu anda ne oluyorum?"

Genellikle acınası bir durumdur. Genelde korkmuş, bunalmış, kapanmış ve kalın kafalı olursunuz.

"Peki, bu yarattığım şeye nasıl hizmet ediyor? Bu benim yarattıklarımı yok etmek mi yoksa yaratmak mı?"

Yaratımlarınızı ortaya çıkarmıyorsa, o zaman farklı bir seçim yapın ve ne gerekiyorsa yapın: evden çıkın, yürüyüşe çıkın, Dünya'ya tırmanın, ata binin, başka bir şeye tırmanın.

Ne yapman gerekiyorsa. Bu yapmakla ilgilidir, düşünmekle değil. Algılama ve alma alanından yapmakla ilgilidir. O zaman sorabileceğiniz en iyi soru şudur: "Tamam, bu devam ediyor. Şu anda doğru olduğunu varsaydığım hangi yalanı satın alıyorum?"

Ve cevabı aldığınızda, eğer ağırsa, ona inanmayın. Bu bir yalandır çünkü bir yalanı değiştiremezsiniz. Ağırlığı değiştiremezsiniz. Sadece sizin için hafif ve doğru olanı yaparak değişebilirsiniz.

Her zaman, sizin için hafif olanın peşinden gidin. Işık ışığı doğurur.

Seninleyim. İnsanlara sunacak çok fazla içgörünüz ve zekânız olduğunu garanti ederim. Ve bunun için ücret alın diyorum.

Ücretini al.

Ellerinizle başka hiç kimsenin yapamayacağı bir şey yaratabileceğinizi garanti ediyorum. Ben de diyorum ki, parlaklığınızdan gelen bu parayı daha fazla parlaklık yaratmak için kullanın, daha fazla parlaklığınızı satmak için, böylece dünyada daha fazla parlaklığınız ortaya çıksın. Her akışında, daha fazlasını yaratır. Çünkü Kükremeniz olmak için adım atıyorsunuz ve bunu siz siz olarak yapıyorsunuz.

Biri bana gelip kapıyı bir derece açtığında, sonuna kadar gidebilirim. En iyilerini bile kurtarabilirim. Ben ortanca çocuğum. Bazı şeyleri nasıl atlatacağımı bilirim. Çok şey atlattım. Çok şeyle başa çıkabilirim, bu yüzden bana bir şey sunun, sorun değil. Ama enerjimi geri çekmeyi, alanımı genişletmeyi, iki kulağımı kullanmayı öğrenmek zorundaydım ve biri bireysel çalışma için geldiğinde, "Pekala, buradan ayrıldığınızda sadece bugün için burada ne kalmasını istersiniz?" diye soruyorum. Genellikle "Bilmiyorum" derler.

"Bana para ödüyorsun. Ne yapmak istiyorsun?"

Ve onları öne çıkarıp ne yapmak istediklerini söyletiyorum, böylece daha fazlasını seçmeye devam etmeleri için onlara güç veren o alana gidebiliyoruz, bu da sizin hafifliğiniz.

Yapmanız gereken en önemli şey sevdiğiniz işi yapmak, sizin için kolay olanı yapmak, bunun için para almak ve sonra yaratmaya devam etmektir – çünkü bu radikal canlılıktır.

Bunun dışında yaşadığımız zaman ölüyüz demektir.

Sizi bilmem ama ölüm hiç eğlenceli değil.

Bu bölümde paradan ne kadar az bahsettiğimize dikkat edin, çünkü bütün mesele bu. Yaşadığımız para sorununun aslında parayla hiçbir ilgisi yoktur. Doğru diye satın aldığımız yalanlarla ilgisi var.

Ancak, özellikle para hakkında konuştuğunuzda ve para konusunda daraldığınızda ya da bir şey yaratmaya çalıştığınızda, siz kim oluyorsunuz?

"Annemi ve babamı seçerken ben ne oluyorum?"

"Doğru dediğim hangi yalanı satın alıyorum da kendime karşı seçim yapıyorum? Artık ben değil, annem ve babam olduğunu biliyorum."

Bunlar kendinize yol göstermeniz için söyleyebileceğim en kolay şeyler. Bu, farklı bir olasılığı seçmeniz için size alan açacaktır.

Asıl soru, bunu sizin için bir derece daha fazla yapmak ister miydiniz?

Bu para işi biraz zor.

Bu gerçeklikte bir istismar salgını var; bu gerçekliğin normu bu – biz olmaktan rahatsızlık duymak.

Paranın yalanları aslında "Ben kim oluyorum, ben ne oluyorum, doğru olduğuna inandığım hangi yalanı satın alıyorum?" sorusuyla yüzleşmekle ilgilidir. Bu zayıflar için bir çalışma değil. Bu, içinizdeki kötücül Kükreme'nin "Artık yeter. Artık bunun arkasına saklanmaya değmez."

Ben de dönüp onlarca yıldır süregelen suçlara ve yüzleşmek zorunda kaldığım tüm pisliklere baktığımda bunu söyledim.

Artık yok.

Bunun kölesi olmayacaktım.

Ve eğer bahsettiğim şeyle bir kişiye yardım edebilirsem, bu konuda konuşacağım. Ve oraya gideceğim çünkü benim gibi birçok insan da oraya gidecek. Ne de olsa ben bundan bahsediyorum. Doğru olanı konuşurlarsa ölmeyeceklerini görecekler.

Ama kayalarımızın, inanç sistemlerimizin, bakış açılarımızın, annemizin, babamızın, işimizin, yoksulluğumuzun, sıkışmışlığımızın, başarısızlıklarımızın, şunun, bunun arkasına saklanıyoruz.

Ve kendimizi acınacak hâlde tutuyoruz.

Eğer bunu okuyorsanız, zavallı bir yanınız yok demektir. Sizler paraya sahip olmayı talep eden insanlarsınız çünkü sizin elinizdeki para bu dünyayı değiştirecek.

Elinizdeki para dünyayı kendi ekseninde döndürecektir, sadece fay hatlarını değil. Ve eğer yaparsa, sorun değil çünkü kükrüyor olacaksınız.

Her şeyin ötesinde kendiniz olun ve sihir yaratın!

17

YALANLARDAN VAZGEÇMEK

Para insanlar için çok ağır bir konudur. Çok fazla çöp ve pislik, olumsuzluk ve yıkım, tıkanıklıklar, ağırlık ve korku – temelde güneşin altındaki her şeyi gündeme getirir. Ama aynı zamanda sağlık, seks ya da ilişkiler kadar tartışılmayı hak etmesinin nedeni de budur. Paranın yaşamlarımız üzerinde derin bir etkisi vardır ve onunla ilgili kendimize özgü sorunlarımız vardır.

Bana özgü sorunum, her zaman para kazanabilmem ama asla ona sahip olmama, onu elimde tutmama izin vermememdi. Sonra aynı 'mevcut soruna' sahip olan müşterilerimde bir örüntü olduğunu fark etmeye başladım; para yaratabiliyorlardı ama asla ellerinde tutamıyorlar ya da sahip olamıyorlardı.

Birlikte çalıştığım bu insanların, gerçekten harika

insanların, para dedikleri bu guru, tanrı şeyine yenik düştüğünü izlemeye ve tanık olmaya başladım.

Sonra, bir süre önce, finansal ve enerjik olarak benim için bir şeyler tamamen değişti ve burada bahsettiğim şeylerin çoğu ortadan kayboldu. Ne olduğunu bile bilmiyorum.

Denizlerin yarılması, Musa ve diğer şeyler gibi değildi. Sadece değişmiş gibiydi.

Şimdi, bu mükemmel olduğu ya da daha iyisini yapamayacağım anlamına gelmiyor çünkü benim için her zaman büyüyorum, değil mi? Her zaman daha iyisini yapıyorum.

Eğer hayatınızı tehdit eden bir hastalığı allopatik ilaçlar olmadan tedavi ederseniz, bundan bir şeyler kazanırsınız. Ben de bundan bir şeyler kazandım ve bunu yapmak için finansal olarak her şeyimi ortaya koydum. Verdiğim en iyi finansal karardı ve bundan öğrendiğim şey, her zaman daha fazla para kazanacağınızdır.

Ve yaptım.

Kendinizi sürekli olarak hafif ve doğru hissettiren şeylerle hizalayarak ve kendini gösteren bir sonraki adımı atarak, doğal olarak pozitif enerjinin rehberlik ettiği bir yol izlersiniz. Bu uyum sadece eylemlerinizi şekillendirmekle kalmaz, aynı zamanda içinizdekileri de yansıtır. Sonuç olarak, para sizi takip etme eğilimindedir çünkü içsel hizalanmanız ve pozitif enerjiniz finansal bolluğu çekmeye elverişli bir ortam yaratır.

Ancak, finansal gerçeklik enerjim değiştikçe, birlikte çalıştığım pek çok insanın ve iş arkadaşımın bu durumdan kurtulamadığını gördüm.

Eğer söylediklerimden bir şey anlamıyorsanız, sorun değil. İnsanların anlamamasını takdir ediyorum çünkü anladığınızda belki de sadece bir başkasının bakış açısını taklit ediyorsunuzdur.

Bir başkasının bakış açısı altında durmanızı istemiyorum çünkü on yıllar boyunca hepimiz bir başkasının bakış açısı altında somutlaştık ve kendimizi kucakladık – ve sonra da buna gerçekliğimiz dedik.

Bir kez daha, bu bölüm para ve gerçek nakit hakkında daha az konuşacak, bunun yerine şu anda banka hesabınızda, portföyünüzde, yatırımlarınızda, çek defterinizde ve cüzdanınızda 'para akışınızı' – ya da eksikliğini – yaratmak için gerçekten ihtiyacınız olan her şeye odaklanacaktır.

Konuşacağımız her şey sizin finansal gerçekliğiniz olarak gerçekleşecek olanlardır.

Babam bana hep ilişkiler hakkında bir şeyler söylerdi. "Zıt kutuplar birbirini çeker derler. Bende de öyle oldu. Ve bunun bizim için nasıl işe yaradığını gördün mü?" Evliliğinden bahsediyordu. Şimdiye kadar hepiniz bunun nasıl başka bir sorun olduğunu biliyorsunuz ve bunun için çok fazla terapiye gittim.

Bu yüzden psikoloji diploması aldım, böylece diğer insanların bunu yapmasını engelleyebilirim. Hayatta ne yapmanız gerektiği size belli bir şekilde öğretiliyor.

Bana şöyle bir şey söyledi: "Gerçekten iş birliği yapabileceğin, birlikte çalışabileceğin, çabalayabileceğin ve birlikte bir şeyler yaratabileceğin biriyle birlikte ol. Ama hayatını kurması için tüm yumurtalarını birisine yükleme."

O anlarda bana söylediği şeyleri alabileceğim en iyi iş ve finans eğitimi olarak kabul ettim.

New York'taki ilk günlerimi hatırlıyorum, herkesin tren istasyonuna yürümesini izliyordum çünkü benden New York'ta işe gitmem bekleniyordu. Her gün trene binmem ve bir iş yerinde çalışmam bekleniyordu. Her gün takım elbise giymem, spor ayakkabılarımı ya da spor ayakkabılarımı giymem ve topuklu ayakkabılarımı çantama koyup metroya kadar yürümem ve şehre gitmem bekleniyordu.

Yapmam gereken buydu.

Yatak odamın penceresinden aya baktığımı ve "Tanrım, ne yaparsan yap, ruhsuz bir hayat yaşamama izin verme" dediğimi hatırlıyorum.

Evet, biraz yargılayıcı.

Gördüklerimden dolayı – tren istasyonuna doğru yürüyen kadın erkek herkes – hiç kimse mutlu değildi. Kimsenin yüzünde bir gülümseme yoktu. Herkes kederli görünüyordu.

Bu arada babam, bodrum katındaki anlarda bana gerçekten mutlu olmayı ve sevdiğim işi yapmayı öğretti. Böylece New York'tan olabildiğince çabuk ayrıldım ve batıya gittim. Kaliforniya'ya vardığımda herkes "Evet, bugün Cuma ve Pazartesi. Hadi bisiklete binelim. Salı ve Çarşamba ya da Perşembe... Hadi bisiklete binelim. Yürüyüşe çıkalım."

"İnsanlar trene kadar yürüyüp şehre gitmiyorlar mı ve bütün gün çalışmıyorlar mı?" diye düşündüm. Hayır, kot pantolon ve şortla çalışıyorlardı, bol para kazanıyorlardı ve yüzlerinde gülümseme vardı, bunlar benim insanlarım diye düşündüm.

Babamla yaşadığım o anlar gerçekten çok önemliydi ve para sevgisini orada kazandım. Babamla para konusunda yaşadığımız o anlardan gelen sevgi benim için her şeyi değiştirdi.

O yılların bazılarında biraz mücadele vardı ama şimdi bu hikâyeleri ve para sevgimin enerjisini hatırladıkça, aslında daha fazla para, daha fazla iş, daha fazla eğlence, daha fazla neşe, dünyayla daha fazla birliktelik, daha iyi seks ve kendi içimde daha mutlu bir ilişki yaratıyor – kendi içimde ve bedenimde sağlıklı bir ilişki.

Yani o ilk anlarda, paranın nasıl bir his olduğunu, nasıl koktuğunu, tadının nasıl olduğunu bilmekle ilgili bir şey vardı ve onunla yaşadığım aşk ilişkisi, benim için nakit musluğunu ve para musluğunu açan anahtar oldu. Aksi takdirde bunu asla bilemezdim.

18

FERAHLIĞIN ÖZGÜRLÜĞÜ

Neden sizden para yalanlarınızdan vazgeçmenizi istiyorum?

Çünkü başkası hakkında inandığınız ve size ait olmayan her şeyi kendiniz için doğru olarak kabul edersiniz ve sonra onu asla değiştiremez ya da ötesine geçemezsiniz çünkü o size ait değildir. Sizin olmayan bir şeyi değiştiremezsiniz.

Hayatında değişmeyen bir şey olan var mı? Bugünden itibaren, umarım "Bu benim mi?" diye sorarsınız.

Bir kez daha, bu benim mi? Benim inancım mı? Benim gerçekliğim mi?

Çünkü "Bu benim mi?" sorusunu sorduğunuzda hafif, ışıltılı, kabarcıklı ve geniş olduğunu anlamıyorsanız ve bunun yerine içinizde yoğun, daralmış ve ağır hissediyorsanız, satın aldığınız bir yalandır.

Hafif, geniş, özgür ve neşeli hissettiriyorsa, bu doğrudur.

Elimden geldiğince, hepinizin bu kitabı okumaya başladığınız zamankinden biraz daha açık bir sayfa olmanızı istiyorum. Çünkü hepimiz kendi bakış açılarımızla, gerçekliğimizle, arzularımızla, sorunlarımızla, dokularımıza ihtiyaç duyduğumuz konularla – ötesine geçemediğimizi hissettiğimiz her şeyle geliyoruz.

Müşterilerim ve kendim için bulduğum şey, onların bizim bile olmadıklarıdır.

Onları benimsedik.

Bunların hiçbiri seninle ilgili şeyler değil.

Sizinle sadece kahve sohbeti yapmıyorum ve bunları sebepsiz yere söylemiyorum. Bunları paylaşıyorum ki sizin için o yüzde bir neyse ona ulaşabilelim – ve umarım buradan çıkıp gitmenize ve size borcu olan kişinin hesabınıza para yatıracağına dair bir telefon almanıza katkıda bulunur. Ya da yeni bir pozisyon arıyorsanız, bir şekilde postayla, e-postayla ya da telefonla gelir.

Ya da belki yarın gazeteyi açarsınız ya da internete

bakarsınız ve arzuladığınız bir şey, arzuladığınızı bile bilmeden, ekranınızda belirir... bunun gibi bir şey.

Bana ve sürecime dönecek olursak, sonunda Teksas'a geldim. Teksas hakkında bildiğim tek şey kendi yargılarımdı. Teksas hakkında bir yargım olduğunu bile bilmiyordum.

Sonra Teksas'a gittiğimde "Burayı sevdim" diye düşündüm.

Hâlâ anlamış değilim ve anlamaya da ihtiyacım yok. Orada bir ferahlık, bir rahatlık var ve ben rahatlığı severim.

Hiçbir zaman düşündüğünüz gibi ortaya çıkmaz, bu olasılığa ve yarattığım hayata davet gibi.

Her şeyi sattım, her şeyi bıraktım, Kaliforniya'dan ayrıldığımda benimle gelmek istemeyen her şeyi ve her şeyi bıraktım. Hepsini satmadım bile. Bir kısmını sattım ve çoğunu hediye ettim. Benim için fark etmedi bile.

Gitme zamanının geldiğini biliyordum ve davet geldiğinde gittim.

Işığın ve doğru olanın peşinden gitme seçimimden dolayı evrende beni kutsamak için plan yapan şey beni mutlu etti. Ve bu kararı ne iş ne de para için verdim.

Dünya'ydı. Atlardı. Benim bedenimdi. Bu bir ilişki olasılığı seçimiydi ve ilk başta işe yaradı. Bunu hayal bile edemezdim.

"Vay canına, demek hafif ve doğru olduğunda ve onu takip ettiğinizde böyle oluyor" diye düşünüyor olmalısınız.

Evet, takdiri ilahi de hareket eder. Evren sizi kutsamak için plan yapar. Taşınmanın en kötü yanı biraz depresyona girmiş olmamdı. Çünkü taşındıktan ve her şey çok iyi gittikten sonra, daha önce yaptığım ve benim için hafif ve doğru olmayan her seçimi gözden geçirmek zorunda kaldım.

Paranın Yalanları'nda yaptığım şeyin bir parçası da bu. Gerçekten yaşadığım şeyler hakkında konuşuyorum. Bunları sadece bir kitaptan ya da bir önermeden almıyorum ya da bir para kitabı yazmak sadece akılda kalıcı. "Hey, bana gelin. Paranın Yalanları ile ilgili cevaplarınız bende."

Paranın Yalanları kitabı ve atölye çalışmaları, tam olarak burada söylediklerimi takip ederek, müşterilerimle birlikte kullanarak ve tüm hayatımın genişlemesini izleyerek öğrendiğim ve gördüğüm şeylerdir. Bedenimin, sağlığımın, mutluluğumun, para akışımın, derslerimin ve paramın değişimini izliyorum.

Büyüyen fikirlerim, yazdığım ve katıldığım kitaplarım ve yapabileceğimi hiç düşünmediğim başka şeyler var. Bundan 20–30 yıl sonra olacağını düşündüğüm şeyler şu anda gerçekleşiyor – sırf bu olasılığa "Evet" dediğim için.

Şu anda hayatınızda yanlış olarak adlandırdığınız her şeyi değiştirebilecek, aslında sizin "Evet "iniz olabilecek kaç olasılığa "Hayır" dediniz?

İşte paranın en büyük yalanı – ve sizi gerçekten hayal kırıklığına uğratacağım ve üzgünüm.

Paranın en büyük yalanı, para hakkındaki inanç sistemlerinizi ve varsayımlarınızı ve size para hakkında söylenenleri ele alır.

Burada anlattığım hikâyemin çoğu, bu gerçekliğin ya da annemin, babamın ya da her kimse onun bana para hakkında söyledikleriyle ilgili olarak benim ve "sürecim" hakkındaydı.

Ama bu asla parayla ilgili değildir.

Bu küçük kâğıt parçası aslında hiçbir şey ifade etmiyor. Buradaki şey – söylediğiniz şey – hayatınızdaki mahvedici, yok edici ve sorundur.

Ya bunun bize mutluluk verdiğini söyleriz. Ya da bunun tüm kötülüklerin kaynağı olduğunu söyleriz.

Bunun için çok çalışmamız gerektiğini söylüyoruz.

Sadece bunlara sahipsek değerli olduğumuzu, birileri için sadece ne sürdüğümüz, ne giydiğimiz, kendimizi neyle süslediğimiz ve hangi tatillere gidebildiğimizle değerli olduğumuzu söylüyoruz. Tüm bu şeylerin güzel olmadığını söylemiyorum, çünkü ben de onları seviyorum. Ancak kaçınız neşenizin, mutluluğunuzun ya da değerinizin nedeni ya da her şeyin başı, sonu olarak paraya bağımlı hâle geldiniz?

Peki, paranın sizin için bir şey ifade ettiği, paranın tanrınız ya da gurunuz olduğu ya da paranın öz değerinizle bir ilgisi olduğu yalanınızdan sadece yüzde bir oranında daha vazgeçmeye razı olur musunuz?

Bundan yüzde bir daha fazla vazgeçmeye razı olur musunuz?

Ve her yerde havuç şeyini yaptınız ve dediniz ki, "Sadece şu kadar param olursa, o zaman daha iyi olacak. Şunu yaparsam mutlu olacağım. Elli bin dolar alırsam mutlu olacağım. Gelecek ayın kirasını ödeyebilirsem, o zaman mutlu olacağım."

"Eğer banka hesabımda şu kadar para varsa, o kişiye bahşiş veririm."

"Ayak parmağıma bastıkları için yüzde yirmi vermeyeceğim" ama aslında zihniyetinizde fazladan yüzde yirmiye sahip olmadığınız içindir.

Sana küçük numaralarımdan birini söyleyeyim.

Ne zaman parayla ilgili bir daralma ya da kafes hissetsem, daha fazla veriyorum.

Bazen daha fazlasını vermek gerçekten zor oluyor ve bazen verdiğim şey para bile olmuyor. Bazen yiyecek ya da kıyafet veriyorum. Pek çok şeyi gözden geçiriyorum – eskiden pek çok şeyim varken – ve nesneden bana kime gitmek istediğini söylemesini istedim? Hediye mi edeyim yoksa bağış mı yapayım?

Arkadaşlarım beni severdi. "Bu sandalyeyi istemiyorum. Bu kanepeyi istemiyorum. Al bakalım. Al."

Artık işime yaramayan bir şeyle oturmaktansa bir şey olmadan oturmayı tercih ederim. Bu noktaya gelmem biraz zaman aldı ama bir karar verdim. Etrafımda olan, üzerine oturduğum, dokunduğum veya bedenime giydiğim her şeyin belirli bir şekilde hissettirmesini talep ettim. Beni iyi hissettirmeli ya da güzel hissettirmeli. Yumuşak, sıkı değil.

Evet, bedenime her gün ne giymek istediğini soruyorum. Hangi renk, hangi enerji?

Bunlar bizi hatırlamaktan alıkoyan şeylerdir – rahatlık, kolaylık, mutluluk.

İşte size hatırlatıyorum. Kolaylık yaratabilirsiniz, rahatsızlığı kucaklamak zorunda değilsiniz.

19

NEDEN BUNU PARAYLA İLGİLİ YAPIYORUZ?

Peki, neden bunu parayla ilgili yapıyoruz?

Bu gerçeklik parmakla göstermeyi sever. Konu ilişkideki diğer kişi ya da sizde bir şey olduğunu ya da banka hesabınızda bir şey olmadığını fark ettiğinizde size teşhis koymayan doktor olduğu sürece, paçayı kurtardığınızı hissedersiniz.

Ancak parayla olan ilişkinizi değiştirmez.

Parayla ilişkinizi bir derece daha değiştirmeye istekli olur muydunuz? Öyleyse bununla başlayalım, başka bir yalan, 2.

İkinci yalan ise net değerinizin öz değerinize eşit olduğudur.

Söyleyin bana, nasıl oluyor da değerli olmak için paranız olması gerekiyor? Nasıl oluyor da sadece siz olduğunuz için finansal olarak iyi durumda olmuyorsunuz?

Bu konuya birazdan geri döneceğim ama ondan önce bir hikâye paylaşmak istiyorum. Access Consciousness'ın kurucusu Gary Douglas ile ilk tanıştığımda, Yeni Zelanda'da 7 günlük bir atölye çalışmasında benimle ilgili bazı kolaylaştırmalar yapıyordu ve "Tatlım, sen bir sürtüksün" dedi.

Ağlamaya başladım çünkü sürtük olmanın kötü bir şey olduğuna inanıyordum ve buna bu seviyede inandığımı ya da tacize uğramamın sebebinin sürtük olmam olduğuna inandığımı bilmiyordum. Yanlış bir şey yaptığıma inanıyordum.

Ve bana şöyle dedi: "Tatlım, bununla ne demek istediğimi bilmek ister misin?"

"Elbette" dedim.

"Herhangi biri ya da herhangi bir şey hakkında bir yargın var mı?" diye sorar.

"Hayır, pek sayılmaz."

"Yaşadığın tüm tacizlere rağmen insanlardan nefret ettin mi?" diye sordu.

"Hayır."

"Bunun nadir ve farklı bir şey olduğunu biliyor musun?" dedi.

"Biliyorum."

Ve dedi ki, "Herkesten alabilirsin. Ve her şeyi alabilirsin ve bu sensin. Peki, gerçekte olduğun sürtüğü somutlaştırmak ister misin?"

Ben de "'Tabii ki evet!" dedim.

Ama bu, sürtük olmanın ne anlama geldiğine dair yargımı değiştirdi çünkü o zamana kadar bu, geçmişteki istismarımla ilgiliydi.

Çok fazla istismara maruz kalmış biri olarak, bedenimin tepeden tırnağa tam bir orgazmın tadını çıkarmasına izin vermem uzun zaman aldı. Hâlâ bazı sorunlarım var ama yüzde doksan dokuz nokta dokuz daha iyi.

Sonra dedim ki, "Ama sürtük ne demek?"

O da şöyle dedi, "Tatlım, parayı sürtük alır."

Ve bu doğru, çünkü eğer o almayacaksa, gidip alacak birileri var.

Ben de öyle olmak istiyorum, tüm iyi şeylerin alıcısı.

Kendimi pazarlamam ya da gerçek dışı olmam gerektiğini söylemiyorum. İnsanları kazıklayayım ya da öldüreyim demiyorum. Ve o da böyle demiyordu; alamayacağım şeylerle ilgili kendi kafesimin dışında düşünmemi sağlamak için bana çok çirkin bir şey çerçeveliyordu. O an benim için çok özgürleştiriciydi.

Düşündüğümüz her şeyin, eğer sabit bir yargıya sahipsek, yaratma ve gerçekleştirme kapasitemizi yok edebileceğini söylüyorum.

Birini yargılarken, kalbinizin ya da bedeninizin daraldığını, kendinizi yoğun hissettiğinizi ya da geri çekilmek istediğinizi fark edeceksiniz.

Onlardan ne kadar alabilirsiniz? Para için de aynı şey geçerli.

Ne kadar çok yargı alabilirseniz ve ne kadar çok yargıyı bırakabilirseniz, o kadar çok para akar ve hayatınıza o kadar çok nakit girer ve gerçekte arzuladığınız şeyi o kadar çok alırsınız.

Burada 3 numaralı yalana geçtim – bu da yaşamınızdaki kabuller ve yargılarla ilgilidir.

Odanın önünde ayağa kalkıp "Herkes beni yargılayabilir mi? Oklarınızı bana fırlatın."

Dolayısıyla, artık içinde olmadığınız ve sizde cinsel bir iz bırakan tüm ilişkiler – artık içinde olmadığınız cinsel ilişkiler, sizde iz bırakan evlilikler de dahil olmak üzere, onların parayla ilgili bakış açıları, sizinle ilgili bakış açıları, parayla ilgili bakış açıları, hâlâ hücresel bilincinizde yüzen sizinle ilgili yargıları, bunlardan enerjisel olarak boşanmak ister misiniz?

Bunu dağıtmak ve yeryüzüne bırakmak ister misiniz? Onlara ait olan her şeyi bilinçle birlikte onlara iade etmek ister misiniz? Tüm cinsel sisteminizi onların gerçekliğinden kurtarmak ister misiniz? Ve cinselliğinizin gelişmesine, çiçek açmasına izin verir misiniz? Yeni olasılıklarla?

Şimdi harekete geçin. Kendinize yalanlarınızın yapısını bozan sorular sorarak yalanlarınızı paramparça edin.

20

NEYİ REDDEDİYORSUNUZ?

Parayı cüzdanınıza koyup ona ne söylemek istediğini sorduğunuzda ve o da "Beni sevmiyorsun" dediğinde ne olmayı reddediyorsunuz?

Bu enerjiyi hemen değiştirecek ne olmayı reddediyorsunuz?

Hepiniz parayla ne olmayı reddediyorsunuz ki, eğer sadece o olursanız – eğer onu severseniz, eğer onu ovarsanız, eğer onu onurlandırırsanız, eğer ona saygı duyarsanız, eğer onu öperseniz – onunla ne yaptığınız umurumda değil – ama eğer onu severseniz, onu kim olduğunuzun ve gerçekliğiniz olarak ne istediğinize dair olasılığın sevincinden yaratırsanız, o gelecektir.

Evren sizi kutsamak için bir plan yapacaktır, ama siz seçmeli ve kendinize adamalısınız. Bu sizin şansınız ve özgür iradeniz var.

Kendinizi adayın – sadece ben söylediğim için değil.

Aksi takdirde, paranızı bir olasılık olarak kullanmamış olursunuz. Ve paranızı bir olasılık olarak kullanmıyorsunuz çünkü olasılık olmaya istekli değilsiniz.

Ya yürüyen bir olasılık olsaydınız ve bu sizin finansal gerçekliğiniz olsaydı?

Paranın Yalanları atölye çalışmalarıma katılanlardan biri bu noktada şunları paylaştı: "Ailemde para her zaman bir ceza olarak kullanıldı.

Annemle babam boşandı ve babam annemi sevdiği için tüm parasını alarak onu cezalandırdı. Babam annemle kalmak istedi ama annem kabul etmedi ve sonunda annem Paris'te küçük bir apartman dairesinde fakir bir şekilde yaşamaya başladı. Bu, Paris'in en iyi yerinde kocaman bir evde yaşayan bir büyükelçinin kızı olduktan sonra oldu."

Ben de ona bir soru sordum: "Annen ve babanla birlikte gördüklerinden yola çıkarak o anda para hakkında neye karar verdin? Gerçeğe mi?

İlk düşünce, en iyi düşünce, düşünce yok."

"O para çok adiydi." diye cevap verdi.

"Aynen öyle. Şimdi seninle bir şey paylaşabilir miyim?

Az önce paranızla konuşma şekliniz, "Ama her şeyi ben yapıyorum" – bu çok kaba." Onun paraya karşı tutumunu vurguladım. O da aynı fikirdeydi.

"İşte bu yüzden parayla değiştirmek istediğiniz şey değişmiyor ve bunun parayla hiçbir ilgisi yok.

Bu, tıpkı anneniz ve babanızın birbirlerine karşı olduğu gibi sizin de kötü olmanız ve kötü olmayı seçmenizle ilgili.

Ailenizin size para hakkında öğrettikleri konusunda bu gece ne kadar delilikten vazgeçmeye hazırsınız?

Ne kadar delilik? Çünkü hikâyeyi anlatmaya başladığınızda duyabiliyorsunuz, "Lanet Paris, para, boşanma. Çıkarın beni buradan, kurtarın beni, kurtarın beni."

Ancak gerçek şu ki, hepimiz para konusunda biraz delilik yaşıyoruz.

Bu yüzden 2 numaralı yalan, net değerimizin öz değerimizle bir ilgisi olduğudur. Bu yüzden her şeyi parayla ilgili yapıyoruz ve birilerinin bize akışımızın cevabını vereceğini düşündüğümüz tüm bu para atölyelerine gidiyoruz.

Cevap bir konfigürasyon ya da hesaplama değil, cevap sizin siz olmanızdır."

"Kötü niyetli misin?" Bu bireyin içsel doğasını anlamaya çalışarak sordum.

"İçsel olarak mı demek istiyorsun? Çocukken anne babanızın yaptıklarını izlerken hoşunuza gidiyor muydu?" Çocukluktaki etkiler üzerine düşünmeye davet ederek daha fazla araştırdım.

"Hayır, çok kötü davrandığımı söyleyecektim ama evet," diye itiraf etti.

"Bir saniye... bu iyi," diye durakladım, çok önemli bir anın farkındaydım. "'Ben kötüyüm' de."

Katılımcı "Ben kötüyüm," diye yanıt verdi.

"'Ben gerçekten çok kötüyüm' de."

Katılımcı, "Ben gerçekten çok kötüyüm," diye tekrarladı.

"Kesinlikle diğer tarafında, o kötü tarafında olmak istemeyeceğimi biliyorum çünkü beni tam ortadan ikiye bölebilirsin, değil mi?" Keskin kenarların potansiyelini kabul ederek belirttim.

"Ah, evet," diye onayladı katılımcı.

"Para eğlence partisine gelir. Alçaklığa gelmez ve parçalara ayrılırsa herkes kaçar. İnsanların senden kaçmasıyla işin bitti mi?" Konuşmayı bir dönüşüme doğru yönlendirerek sordum.

Katılımcı daha sonra anlatısına ailevi bir boyut kattı. "Babam anneme yeterince para vermediği için, annem intikam almak için beni dünyanın en pahalı okullarına gönderdi, böylece okullara para ödemek ve para harcamak zorunda kalacaktı."

"Bu gece bahsedeceğim diğer yalan da paranın sizin düşmanınız olduğudur – para sizin müttefikiniz değil, failinizdir ve onun burada bahsettiği de budur," diye açıkladım, noktaları birleştirerek.

"Bundan bir derece daha vazgeçmek ister misin?" Bakış açısını değiştirmek için bir fırsat sunarak sordum.

Katılımcı "Evet," diye onaylayarak geçmiş koşullanmaların katmanlarını çözmeye istekli olduğunu gösterdi.

İşte bu şekilde, bu bireyin yalanlarını ortaya çıkarabildik ve onu parayla ilgili kafa karışıklığı ve hayal kırıklığı yaşadığı bir yerden, sadece bir derece değişimle başlayarak dönüşmeye istekli hâle getirdik.

Nereden geldiğini anlayabiliyordum çünkü ben de aynı şeyleri yaşadım. Annem de babama olan kızgınlığını ifade etmek için istemediğimiz hâlde bize para verirdi. Ben o lahana bebekleri istemiyordum! Biraz erkek fatma gibiydim ve lahana bebekleri istemiyordum, ama 80'lerdi ve o zamanlar büyük bir şeydi ve annemin babama olan öfkesine tepki olarak yaptığı harcamalara çok iyi bir örnekti.

Annem babama bundan bahsetti ve dedi ki, "Bunun için daha fazla paraya ihtiyacım var. Lisa, babana da, da, da, da'dan bahset."

Ben de dedim ki, "Ben bile almadım, ne gibi? Evet, Cabbage Patch Dolls aldım, teşekkürler baba."

Oradan ayrıldım ve bir yere gittim. "Aman Tanrım, bu insanlar deli. Bu gerçeklik de ne?" İnsanların parayı kullanması delilik.

Daha iyisini biliyor muydu? Hayır, bu onların para konusundaki dinamiğiydi, kızgınlık, reddedilme, pişmanlık.

Kendinizi annenizin, babanızın ya da polis memuru-nun, IRS'nin ya da eski sevgilinizin gerçekliğinden kurtarmak ister misiniz?

Ve tanık olduklarınıza dayanarak kostümünüz, kişili-ğiniz olarak seçtiğiniz alçaklığı bırakmaya istekli olur musunuz?

Sadece bir derece daha fazla çünkü içinizde gerçek siz olan bir güzellik ve yumuşaklık var. Bunu görebiliyo-rum, ama tüm bu alçaklık zırhının altında. Ve bu zırhla siz değilmişsiniz gibi yaşamaktan daha acı verici bir şey yoktur.

Biliyorum çünkü ben de bunu yaşadım.

O ortadan kalktığında, kendinizi ondan kurtarıp kendinize adım attığınızda, takdiri ilahi de harekete geçecektir.

21

PARA SİZE ÖZGÜRLÜK VERİR

Para size daha fazla özgürlük ve kontrol sağlar, değil mi?

Bu gerçeklik onun üzerinde titreşiyor, değil mi?

Bununla istediğiniz kadar savaşabilir ve istediğiniz her şeyi yaratabilirsiniz, ama bilin bakalım ne olacak?

Bunu yapmaya devam ederseniz kaybedersiniz çünkü bu gerçeklik farklı titreşir.

Ya tüm enerjinizi onu itmek yerine gerçekten almak için harcasaydınız? O zaman kim olurdunuz?

Yani bu bir seçim.

İnanın bana, her hafta tezgahın üzerinde bir yığın paranız olduğunda ve neler olduğunu izlediğinizde bazı sınırlamalar geliştirirsiniz. Bir hapsedilme geliştirirsiniz ve sonra her gün bir enkarnasyon yaratırsınız.

Farklı bir seçeneğiniz olduğunu ve o an uyanıp "Artık bunu yapmayı reddediyorum" diyene kadar yarattığınız şeyin siz olmadığınızı unutana kadar aynı delilik tekrar tekrar yaşanır. Ben kendim oluyorum."

Bir atölye çalışmasında bir katılımcı vardı ve parayla tuhaf bir ilişkisi olduğunu, hızlı bir şekilde fon yaratma becerisini sergilediğini ancak geri ödemenin daha az eğlenceli yönüyle boğuştuğunu ortaya koydu. Altta yatan dinamiklere inmeye hevesli bir şekilde, "İnsanlara geri ödeme yapmaktan nefret etmenin nesini seviyorsunuz?" diye sordum.

Katılımcı "Sanki bir kere geri ödedim mi, o zaman çekip gideceklermiş gibi" diye itiraf etti. Bir örüntünün ortaya çıktığını fark ettim ve "Bunun parayla bir ilgisi var mı?" diye daha fazla araştırdım.

"Hayır," diye cevap vererek finansal boyuttan uzaklaştığını teyit etti.

Algılanan sorun ile gerçek kökleri arasındaki kopukluğu vurgulayarak "Yalan ı iş başında" dedim. Katılımcıyı kalıbı seslendirmeye teşvik ederek, "Tekrar söyle, 'Yani onlara geri ödediğimde...'" diye rica ettim.

Katılımcı, "Onlara geri ödediğimde, o zaman gidebilir-ler," diye tekrarladı.

"Peki ya giderlerse, o zaman ne olacak?" Katmanları çözerek devam ettim.

Katılımcı, "O zaman onları kaybediyorum," diye itiraf etti.

"Peki onları kaybederseniz, bu sizin hakkınızda ne anlama gelir?" Katılımcıyı daha derin çıkarımlar üzerinde düşünmeye yönlendirerek araştırdım.

"Kimse benden hoşlanmıyor," diye açıklayıcı bir yanıt verdi.

"Peki kimse sizi sevmiyorsa, bu sizin hakkınızda ne anlama geliyor?" Daha fazla bastırdım ve temel inanç-ları araştırdım.

"Boşum," diye itiraf etti katılımcı, bir belirsizlik nokta-sına ulaşarak.

"Güzel, çünkü şimdi senin bilmediğin bir yere geliyo-ruz." Keşfedilmemiş duyguların ortaya çıkışını fark ederek gözlemledim.

"Etrafınızda insanların olmaması, yalnız kalmanız ve hiçbir şey olmamanızın nesini seviyorsunuz?" Gizli motivasyonları gün ışığına çıkarmayı amaçlayarak sordum.

"O zaman istediğimi yapabilirim" diyen katılımcı, tekrar eden bir temaya ışık tuttu.

"Peki bunun parayla bir ilgisi var mı?" Gözlemlenen örüntüler ile katılımcının finansal deneyimleri arasındaki bağlantı üzerine düşünmeye teşvik ederek sorguladım.

Hayır, ama bunu paraya yansıttı, bu yüzden tüm sloganı yalnız kalmak ve ne isterse onu yapmaktı. Tüm bu saçmalıkları paraya yansıtmak zorundaydı, tüm bu büyük felaket ve drama ile son ana kadar para kazanma, borç alma ve insanların ona vermesini sağlama ve sonra onlara geri ödemek zorunda kalma dinamiği. Kontrolü elinde tutmak için frene bastı.

Belki de bunu para yerine kıyafetlerle yapmayı tercih edin.

Bu, "Bu gerçekliğin odaklandığı ve işlediği şeyi alayım ve onunla ilgili öyle bir mücadele, drama ve travma yaratayım ki asla onun ötesine geçemeyeyim, onunla asla bir ilişkiye giremeyeyim ve onunla asla bir müttefik olamayayım, böylece her zaman bu gerçekliğin nabzını attığı şeyle mücadele içinde olabileyim" demek gibi bir şey. Şerefe."

Kaçınız bunu yapıyorsunuz? Aslında hayatınızda daha fazla kontrol, daha fazla güç istiyorsunuz ama bunu sadece finansal durumunuza yansıtıyorsunuz. Bu da finansal istismardır. Davranışınızı kabul etmeli ve dönüşüme doğru ilerlemelisiniz.

22

DOĞRU CEVAP NEDİR?

Babam öldüğünde, temizlemem için bir karmaşa bıraktı – karmaşanın ötesinde bir karmaşa – ve hâlâ temizliyorum. Tanrıya şükür neredeyse bitti.

Ancak hayattayken çok açık bir şekilde "Hepinizin buna sahip olmasını ve kullanmasını istiyorum ve hepinizin bunu kullandığını ve sahip olduğunu görmeyi çok isterim ve sizi nasıl destekleyebilirim?" dedi.

Planı o yaptı. Biz sadece dinlemedik.

Ama bir sorunu vardı – hiçbir şeye sahip olamıyordu.

Herkese vermek zorundaydı. Anneme verdi, bana verdi, erkek kardeşime ve kız kardeşime verdi. Kuzenlerimin çoğunun düğün masraflarını karşıladı. Başkalarının düğünlerini ödedi.

Çok vericiydi, aşırı cömertti, ama bunun nedeni hiçbirine sahip olmaya değer olduğuna inanamamasıydı.

Peki ama paraya sahip olmak bu gerçeklik için ne anlama geliyor?

Bazılarımız paranız varsa güvende olduğunuzu düşünür. Parası olan pek çok insan tanıyorum ve başlarına hâlâ korkunç şeyler geliyor.

Peki ya paranız yoksa güvende değilsiniz? Çok fazla parası olmayan ve hayatlarında hiçbir sorun olmayan pek çok insan tanıyorum. Sadece mutlular.

Dolayısıyla, insanların yansıttığı bu şeylerin hepsi sizi kontrol etmek ve başka birinin görüşüne göre yapılandırmak için tasarlanmış imalar, yargılar ve bakış açılarıdır.

Başka birinin görüşüne göre yapılandırma yaparken, siz nereye uyuyorsunuz?

Yapamazsın.

Bu finansal gerçekliğe uyum sağlamak için finansal gerçekliğinizden ne kadar feragat ettiniz? Kötü günler için birikim yapmak isteyenlerden misiniz? Kötü günler için birikim yapmak iyi bir şey mi?

Doğru cevap nedir?

Florida'da Paranın Yalanları atölye çalışmamı yaparken, kesinlikle muazzamdı ve herkes "peki doğru cevap nedir?" diye sorup duruyordu. Bunu gerçekten komik buldum ve bunun Floridalılara özgü bir şey olup olmadığını merak ettim. Doğru cevabı bilmek.

Böyle düşünmek hem iyi hem de kötü. Çünkü size söyleyeyim, eğer doğru cevabı arıyorsanız muhtemelen gidebileceğiniz en kötü kişi benim. Sizi çıldırtacağım – doğru cevap diye bir şey yok. Sizin için doğru ve hafif olan şeydir.

Dolayısıyla, doğru ve ışık konusunda meraklı olmak iyidir, ancak bu evrensel ve nesnel bir şey değildir. Doğru ve ışık özneldir ve hepimiz için benzersizdir.

Bu, bu ülkedeki okul sistemine benziyor: "Bu cevabı alırsın, kutuya sığdırırsın, A alırsın. Şu kadar yanlış yaparsan B alırsın, şu kadar yanlış yaparsan C alırsın, şu kadar yanlış yaparsan D alırsın."

Ya da benim gibi geometri dersindeyseniz, defalarca başarısız olursunuz ve geçene kadar özel öğretmen tutarsınız, değil mi?

İşte gerçek bu. İlerlemek için doğru cevaba sahip olmalısınız.

Kendinize değer vermeniz, daha iyi bir şey olmanız için paraya ihtiyacınız olmasından farklı değildir.

Kötü günler için para biriktirme konusuna dönelim. Bu fikri bize kim öğretti? Artık üç, dört ya da yedi yaşında değiliz ve bizim için neyin hafif ve doğru olduğunu gerçekten seçebileceğimizi unutuyoruz.

Şu Lahana Yaması Bebekler... Bana hiç onlar hakkında soru soruldu mu?

Hayır, GI Joe'yu istedim, lanet olsun!

Süpermen'i severdim, futbol oynamayı severdim, şehre gitmeyi severdim.

Şehirde çocuk modelliği yaptım ama modelliği yapmak istemedim. Helikopterle gezmeyi seviyordum ama modellik berbattı çünkü orada durup ne giymenizi istiyorlarsa onu giymek zorundaydınız.

Başka seçenek yoktu.

Annem istedi, onlar istedi. Ayağa kalkarsınız, yaparsınız. İşte bu yüzden pek çok insan hayatını tehdit eden hastalıklara yakalanıyor, pek çok ilişki korkunç bir şekilde sona eriyor ve insanlar para akışında sorunlar yaşıyor – çünkü hepimiz hayatımızı bir şeye ya da birinin aslında bizim için yalan olan bakış açısına göre yaratmayı seçiyoruz.

Ben de diyorum ki, "ROAR®. Artık yok." Gürleyen siz olun.

Tsunami ol, deprem ol.

Sadece varlığınızla fiziksel gerçekliği değiştirdiğiniz akış olun. Evet demek istediğinizde "Evet", hayır demek istediğinizde "Hayır" deyin.

Tüm sorunlarınızın kaynağının para olduğuna inanmayı bırakın. Para hakkında size söylenen her şeye inanmayı bırakın. Sadece şunu söyleyin: "Kahretsin, eğer finansal gerçekliğim buysa

Ben mi seçerdim? Bugün finansal gerçekliğimi yaşıyor olsaydım, kim olurdum?"

Çünkü o zaman en azından şimdiki zamanda olduğunuzu bilirsiniz. Biriktirmeyin mi diyorum?

Hayır.

Sizin için hafif, doğru ve eğlenceli olan "Evet "iniz olmayan hiçbir şeyi somutlaştırmayın, yapılandırmayın, hizalamayın, kabul etmeyin, direnmeyin veya tepki vermeyin diyorum.

Kendiniz olun, her şeyin ötesine geçin ve sihir yaratın.

23

PARAYI İYİ KULLANMAK

Tek yapmanız gereken bir soru sormak – hepsi bu.

Konu kolaylaştırma olduğunda kemiği olan bir köpek gibiyimdir. Sorunu parçalara ayırmayı, sağa sola dağıtmayı ve sizi mümkün olan en kısa sürede oradan çıkarıp yeni bir şeye yönlendirmeyi severim.

Öyleyse bu bölüme birkaç soruyla daha başlayalım.

Daha fazla paranız olmasını ister miydiniz?

Daha az paranız olmasını ister miydiniz?

Varlıklı bir aileden mi geliyorsunuz?

Para konusunda gerçekten zorluk çekmiş, çelişkili ailelerden mi geliyorsunuz?

. . .

Dünyanın dört bir yanındaki atölye çalışmalarımda çoğu insan bu son soruya el kaldırıyor. Herkes parayla ilgili bir tür çatışma, mücadele ya da sorunlu bir durumdan geliyor. Bu gerçekliğin çoğunun parayla ilgili deneyimi, tanımı, bakış açısı ve anlayışı budur.

Yeni bir olasılığa kapı açmanın zamanı geldi.

Para konusuna pek çok yansıtma, yargı, ayrılık, beklenti, kızgınlık, reddedilme ve pişmanlık eklenmiştir. Paranın etrafındaki bu enerjiler, para enerjisinin gerçekte neyle ilgili olduğunu renklendirir.

Benim bakış açıma göre, paranın enerjisi özgürlük, genişleme ve bilinçle ilgilidir. Bu, dünyada olduğunuz eşsiz armağanın ve kapasitenin ışığı, doluluğu ve serbestliği ile ilgilidir ve dünyada olmak ve yaptığınız her ne ise, sizin için kolay ve eğlenceli olan yapmayı sevdiğiniz her ne ise onu yapmakla ilgilidir. Ve en önemlisi, sizinle çalışmak için benzersiz niteliklere sahip insanların size geldiği, sizi kabul ettiği ve sizin de onları kabul edip onlar adına iş birliği yaptığınız bir dünyada olmanızdır.

Paraya sahip olmak, bu gerçekliği sizin için hafif, doğru ve eğlenceli olana göre değiştirme özgürlüğü ve genişleme olasılığıdır. Arzu ettiğiniz tüm paraya sahip olsaydınız ne olmak ve ne yapmak isterdiniz?

Siz ne seçerdiniz?

Hayatımda öğrendiğim şey, para üretmenin ve yaratmanın benim için kolay olduğudur. Son birkaç yıla kadar paraya sahip olmak ve yatırımlar, seyahatler, eğlence, zevk ve dünyanın dört bir yanına gitmekle tutarlı ve sürekli olarak paraya sahip olmama izin vermek gerçekten zordu.

Yani üretmek ve yaratmak benim için kolaydı, ancak sahip olmak, elde tutmak, geliştirmem gereken bir şeydi. İşte parayla ilgili ilk yalanım burada ortaya çıktı – sadece üretebileceğim ve yaratabileceğim ama sahip olamayacağım. Şimdi bunu kendim mi yarattım?

Hayır. Babamın gerçekliğini taklit ediyordum.

Babam bir alkolik tarafından büyütülmüş fakir bir adamdı ve kendi kendine multi–milyoner olmuştu ama her şeyi çarçur etmişti, çünkü bana hep şöyle derdi: "Ben Brooklyn'li fakir bir çocuktum. Hiçbir zaman bir şey kazanmayı beklemedim. Bunu asla hak etmedim. Hiç kimsem yoktu. Bana iyilik yapan hiç kimsem olmadı ve tek istediğim sizlerin (yani erkek kardeşim, kız kardeşim, annem ve benim) hayattayken istediğiniz her şeye sahip olmanız. Öldüğüm zaman hepsinin harcanmasını istiyorum çünkü bunu hak etmiyorum."

Kendisi için hiçbir şeye sahip olamazdı ama herkese kendinden bir şeyler verebilirdi. Bu yüzden çok cömertti. Ne zaman maça gitsek, "Baba, gel bizimle otur. Gel burada ol."

"Hayır, siz çocuklar iyi vakit geçirin. Ben harika vakit geçiriyorum. Yüzünüzün mutlu olması hoşuma gidiyor." derdi. Onun orada olması ve tüm bunları yapması harikaydı ama bir çocuk olarak onun orada olmasını, sadece gol ya da gol sonrası 'beşlik çakmak' ya da "Hey, bir biraya ihtiyacımız var" ya da "Hey, bir sosisliye ihtiyacımız var" dışında eğlenmeyi gerçekten çok istiyordum.

Sahip olmamayı seçmenin ama yaratabileceğinizi ve üretebileceğinizi bilmenin enerjisi her neyse, bu bir çifte bağdır. İkili bağın ortasında para vardır. Bir taraf "Sahip olamam. Sahip olmayı hak etmiyorum. Sahip olmak için yeterince iyi değilim" ya da bunun bir versiyonu. Diğer taraf ise "Sahip olmanı arzuluyorum."

"Sana başka ne verebilirim? Şunu yapmama izin ver. Şunu yapmama izin ver."

New York'ta büyüdüm ve Connecticut'ta okula gittim. Arkadaşlarım evime gelirdi ve birlikte üniversiteye giderdik. Onların babaları "Alın, 20 dolar" derdi, benim babam ise "Al, birkaç yüzlük" derdi.

O kadar utanmıştım ki nasıl saklayacağım ya da kullanacağım hakkında hiçbir fikrim yoktu. Çok rastgele bir deneyimdi. Gerçekten çok güzel bir hikâye. Onun hakkında konuşmayı seviyorum çünkü yolun hemen aşağısında küllerini serptiğim yer var. San Francisco'ya geri dönmeyi bu yüzden seviyorum.

Yirmi yıldan fazla bir süre San Francisco'da yaşadım. Uzun yıllar orada bir kliniğim ve muayenehanem vardı. Benim için çok anlamlı bir yer ve küllerini bıraktığım yere ilk kez bu kadar yakın oldum. Burada olmak çok güzeldi.

Her neyse, kesinlikle çok fazla parayı çarçur ettim. Para yalanlarının kraliçesiydim.

Ya büyük oyna ya da evine dön' diye düşünüyordum. Bana zararıma öğrettiği şeylerden biri de buydu.

Bir başka şey de ne zaman ondan para istesem ya da parayı nasıl yaratacağımı sorsam, "Pekâlâ Lisa. Sana söylediklerimi unutma. Sevdiğin şeyi yap... Ve ben seninle konuşurken sakın evlenme. Ama evlenirsen de zıt kutupların birbirini çekmesi gibi bir şey yapma çünkü işe yaramıyor."

Ben de "Sağ ol baba." dedim.

Mesele şu ki, ona para hakkında soru sorduğumda, sadece verirdi. Bana defalarca bunun sadece erkeklerin dünyası olmadığını, kendi işinin patronu olmanı söylemesine rağmen, yıllarca kendim nasıl para kazanacağımı ya da para üretip yaratacağımı hiç öğre-nemedim.

Hayatım üzerinde çok büyük bir etkisi vardı ve gitti-ğinde çok üzüldüm. Parayla ilgili garip bir şey daha yaptı, ki bu çifte bağlayıcıydı. İstediğin her şeyi yarata-bilirsin ama kaynak benim. O böyle söylemedi ama ben böyle yorumladım, modelledim ve ürettim. Finansal olarak kendi arkamı kollamam uzun zama-nımı aldı.

Sonsuz olasılıklara, yolunuza çıkan hafif ve doğru olasılıkların çokluğuna ve aynı zamanda yalan oldu-ğunu bildiğiniz bir şey yolunuza çıktığında 'hayır' demeye doğru bir adım atalım.

24

İŞARET EDEN PARMAKLAR

Bu alıştırmayı bu kitapta birçok kez yaptık ve bir kez daha üzerinde düşünmenizi istiyorum. Her seferinde, paranızla çift terapisine gittiğinizi hayal etmenizi istedim, ne söyleyeceğinizi düşündünüz?

Bunu yapamazsın!

Şunu yapamazsın!

Şunu ya da bunu yap!

Çift terapisinde herkesin aklına gelen ilk kelimeyi görüyor musunuz? "Sen!"

Parmakla gösterdiğinizde, içinizde gerçek olanı değersizleştirdiğinizi ve reddettiğinizi biliyorsunuz. Bu aslında dışınıza yansıttığınız yargıyı yaratır.

Eğer ilişkisinde mutlu olmayan biri varsa, bu bölümü tekrar okumak isteyebilir.

İşaret ettiğinizde, yargılamış olursunuz. Ve yargıladığınızda, gerçekten sizin olanı alıyorsunuz ve onu kendi gerçeğiniz olarak tutmuyor ve değiştirmek için onunla bir şeyler yapmıyorsunuz. Paraya, kişiye, ilişkiye, işe, işletmeye, her neyse ona yüklüyorsunuz.

Kendinizin yaptığı bir şey için başkasını suçlamanın amacı nedir? Muhtemelen, böylece kendinize ve ne yaptığınıza bakmak zorunda kalmazsınız. Yaptığınız şeyi asla değiştirmek zorunda kalmazsınız, böylece her şey sizin ve kendinizin yaptığı şeyle aynı kalabilir. Her zaman aynı hikâyeye sahip olabilirsiniz: "Ne kadar uğraşırsam uğraşayım, hiçbir şey benim için işe yaramıyor. Denedim."

Para inançlarınızı sorgulamadan aynı tutmak için gizli bir gündeminiz ya da yalanınız var ve asla aynaya, yani kendinize ulaşamıyorsunuz. Bunun yerine, hiçbir getirisi olmayan sonsuz bir suçlama oyunu oynuyorsunuz.

Şimdi paranın ikinci yalanı hakkında biraz daha bilgi vereyim; "ne oluyorsun? Benim için bu, parasızlıktı, bir tür tıkınma ve arınmaydı, büyürken kaynak olarak babamı kullandım.

Arizona'da yaşadığım ve yüksek lisansımı yaptığım zamanları hatırlıyorum. Saatte 30 dolar kazandığım bir yatılı tedavi merkezi işletiyordum. O zamanlar parayla ve insanlarla bağlantı kurma yöntemim, "Ben ödüyorum. Dışarı gel."

Masanın ortasına para koyardım – sadece 100 dolarlık bir banknot değil – ve o para bitene kadar dışarı çıkardık.

Ben ne oluyordum?

Farkında bile olmadan babam oluyordum.

Sonra onun psikolojisine gerçekten girmeye başladım, çünkü bağ kurmamın tek yolu paraydı. Eğer param olmasaydı, kimse benimle çıkmak, arkadaş olmak ya da sadece benimle birlikte olmak istemezdi. Ne kadar çılgınca ve sinsi bir inanç sistemi!

Kimse bana bunu söylemedi. Bunu ben yarattım çünkü babam da kendi tarzında bunu ima ediyordu. Sevilmediğini düşünüyordu. Hiçbir şeyi hak etmediğini düşünüyordu. Ben de yıllarca tekrar tekrar böyle düşündüm. Bir şey olana kadar böyle devam etti.

O günü çok iyi hatırlıyorum.

Banka hesabımda o sıfırı gördüğüm gün.

Paniğe kapılmıştım. Şoktaydım ve arayacak kimsem yoktu çünkü bana verdiği onca paradan sonra babamı aramaya utanıyordum. Annemi kesinlikle aramayacaktım çünkü bunun İtalyanca küfürler ve ötesiyle sonuçlanacağını biliyordum.

Sen ne oluyorsun?

Tekrar tekrar babam oluyordum. Sonra, dışarıda parti yaparken ya da her neyse, başıma gelen bir yalnızlık vardı. Artık eğlenceli değildi çünkü kendim olamıyordum. O oluyordum ve zihin devreleriniz kapanmadan önce bir şeyi sadece birkaç farklı kez olabilirsiniz ve sonra artık kullanılamaz hâle gelir. Bağımlılıklar için de aynı şey geçerli. Belli bir seviyeye ulaşırsınız, ama sonra o yüksek seviye kaybolur ve bir sonraki seviyeye geçmeniz gerekir. Tolerans seviyeniz değişir.

Daha fazlasına ihtiyacınız var, daha fazlasına ihtiyacınız var ve daha fazlasına ihtiyacınız var. Şükürler olsun ki, daha fazlasına ihtiyacım olan şeyin kim olduğumu ve kim olduğumu bulmak olduğuna karar verdim. O olmayı bırakmayı seçmem gerekiyordu. Bu da beraberinde bir sürü solucan getirdi. Onun iş aşkını bırakmak zorunda mıydım? Onun iş aşkı gerçekten sağlıklı mıydı? Ve bu gerçekten benim iş aşkım mıydı yoksa onunkini mi taklit ediyordum?

Onun para sevgisi miydi yoksa benim para sevgim mi? Üniversitede bankacılık ve işletme fakültesine benim yüzümden mi yoksa onun yüzünden mi girdim? Psikoloji mi yapmalıydım yoksa ailem gibi New York'ta iş dünyasında mı çalışmalıydım?

Aslında böyle bir şey asla olmayacaktı. Yatak odamın penceresinden dışarı baktığımı ve trene doğru yürüyen kadın erkek herkesi izlediğimi hatırlıyorum çünkü tren istasyonunun hemen aşağısında oturuyordum. Ve tahmin edin ne oldu? İş yerinde kimse gülümsemiyordu. İşimi yaparken mutlu olmadığım ya da her gün heyecan duymadığım bir yaşamı asla arzulamayacağıma dair kendime söz verdim.

Kim oluyorlardı?

Bir atölye çalışmamda, sohbet istikrar ve öngörülebilirliğe yöneldi ve bir katılımcı bu özellikleri taşıdığını ortaya koydu. Bu inancın nereden kaynaklandığını araştırdık ve annelerine kadar uzandığını gördük. İstikrar ve öngörülebilirlik, bütçenin sabit ve net olmasıyla birlikte bilinen ve güvenli hissettiriyordu.

Daha derine indiğimizde, bu inancın katılımcının sekiz yaşındaki benliğinden kaynaklandığını ortaya çıkardık. O zamanlar oluşmuştu ve hâlâ ona tutunuyorlardı. Katılımcının aslında genç benliğini finansal gerçekliğini yönetmeye mecbur bıraktığını fark ettik. Bu yaklaşımın yararlarını ve sakıncalarını araştırdık. Ve elbette hiç kimse bir çocuğun finansal durumunu yönetmesini istemez.

Böylece konuşma, sekiz yaşındaki çocuğa eğlence, özgürlük ve yetişkin sorumluluğu içeren bir tazminat paketi vererek bu yükümlülüğü serbest bırakmaya doğru kaydı. Katılımcı yeni, güçlendirilmiş bir para perspektifi beklentisini benimsedikçe odanın enerjisi hafifledi.

Annelerinin finansal yaklaşımından kaynaklanan istikrar ve öngörülebilirlik görüntüsünün altında, korku ve endişenin yattığını keşfettik. Katılımcı farkında olmadan bu duyguları içselleştirmiş ve onları güvenlik olarak yanlış etiketlemişti.

Bu farkındalık, bakış açısında derin bir değişime yol açtı – çocukluktaki para çapalarından kurtulmak. Katılımcı, finansal gerçekliğinin düşündüğü kadar korkunç olmadığını anlamaya başladı. Bu, parayla daha sağlıklı bir ilişki kurma olasılığını ortaya çıkaran dönüştürücü bir ana işaret ediyordu.

Peki, kendinize sorun? Bankanızı çocuk–sizin yönetmenize izin veriyor musunuz? Yoksa siz mi yönetiyorsunuz?

25
____

PARA İLE PARLAKLIK

Ya buradan çıktığınızda yanınızda sizden ve siz olma alanınızdan başka bir şey kalmazsa?

Elinizde sihirli bir değnek olsaydı – ve siz kendiniz olsaydınız, şu anda neyi seçerdiniz?

Bütçenizi siz mi yaparsınız yoksa sizinle iş birliği yapması ve size eğlenceli bir şeyler göstermesi için birileri mi gelir?

Rakamları seven bir kadın buldum ve benimle rakamlarla konuşuyor. Tüm hesaplarım ve her şey hakkında bana her şeyi çok net bir şekilde açıklıyor ve beni tüm bu QuickBooks çevrimiçi şeyine soktu. Müthiş bir şey. O daralma açıldı.

Benim için her şeyi hallettiğini ve bu konuda onunla konuşabileceğimi bilmek bile kendimi çok üretken hissetmemi sağlıyor. O bir şey istediğinde, "Evet, işte burada" ya da "Şuna bir bak" dediğinde, "Evet, hadi bunu yapalım" diye heyecanlanıyorum.

Bu konuda bir heyecan var, oysa babam öldükten ve artık kaynak olarak ona sahip olmadıktan sonra, tamamen korkmuştum. Ne yapacağımı bilmiyordum. İlk defa kendi finansal gerçekliğimi yaratmak zorundaydım.

Bugün, doğru enerjinin rehberliğinde bulunduğum yerden memnunum.

"Hayır, git buradan, seni geri aramıyorum bile" dediğinde hemen anlıyorum.

Bir açık olduğunda anlıyorum ve "Bu benim işim. Kesinlikle ona ya da ona ihtiyacım var."

Ne demek istediğimi anlıyor musun? Bunu şimdi biliyorum. O zamanlar bunu bilmiyordum çünkü babamın inanç sisteminin altındaydım.

Eğer bunu okuduktan sonra kendinizi biraz daha hafiflemiş, genişlemiş ve özgürleşmiş hissediyorsanız, harika. Eğer kendinizi berbat hissediyorsanız ve buradan çıkarken "Kahretsin. Yapmam gereken bazı şeyler var" diye düşünüyorsanız, harika çünkü en azından yalanları kabul etmiş oluyorsunuz.

Kim oluyorsun? Ne oluyorsunuz? Hangi yalan(lar)a kanıyorsunuz? Unutmayın, kim genellikle bir kişidir, ne ise bir enerjidir. Ve yalan ya o kişi ya da o enerji tarafından telkin edilen ve sizin hâlâ doğru olarak algıladığınız bir inançtır.

Finansal gerçekliğinizi düzene sokmanın önünde de pek çok kültürel engel var. Paranın Yalanları atölyemden bir başka etkileşimi paylaşmama izin verin. Para konuşuyorduk ve ortam ilginçleşmeye başlamıştı. Birden bir Rus katılımcı şu bombayı patlattı: "Paraya sahip olmak yanlıştır." Bunun üzerine gitmeye karar verdik, önce İngilizce sonra Rusça söyledik. Şaşırtıcı bir şekilde, Rusça versiyon daha hafif, daha heyecan verici geldi.

Kültürel görüşlerin para inançlarını nasıl şekillendirdiğini araştırdık. Rus bakış açısının katılımcı için daha özgür hissettirdiği ortaya çıktı. Sonra, büyük bir şeye ulaştık – "kötülüğün" sadece "canlı" kelimesinin tersten yazılışı olduğu fikri. Orada bir şey yakalamıştık.

Katılımcı, Rus toplumunda parayla ilgili olumsuzluklardan bahsetti. Bu sinir bozucuydu. Paranın kötü olduğu inancını araştırdık ve derin bir çatışmayı ortaya çıkardık. Anneleri gibi gerçekten yaşamamayı meşrulaştırmak zorunda kaldıklarını ve bunun hoş olmadığını fark ettiler.

Bu sohbet, para inançlarının, kültürün ve kişisel deneyimlerin nasıl birbirine karıştığının altını çizdi. Benim görevim onları düşündüren sorular sormaktı. Amaç neydi? Parayı yeni ve güçlendirici bir ışık altında görmelerine yardımcı olmak.

Bu sohbet, para hakkında ne düşündüğünüzü sorgulamanın sizi özgürleştirebileceğini gösterdi. Bu, zenginlikle daha iyi bir ilişkiye giden bir yolculuktur. Ve parayı nasıl gördüğünüzü değiştirmenin daha fazla bereket ve mutluluğun kapılarını açabileceğini kanıtladı.

Konuşmamıza dönüp baktığımda, neden burada olduğumu hatırlıyorum – katılımcı gibi insanların eski para zihniyetlerinden kurtulmalarına ve daha parlak, daha heyecan verici bir geleceğe adım atmalarına yardımcı olmak.

Bu inançlardan kaç tanesini duydunuz? Para kötüdür? Hayattaki konumunuzun ötesine geçemezsiniz? Ailenizden daha fazla kazanırsanız sürgün mü edilirsiniz? Ya da arkadaşlarınızdan veya ailenizden daha fazlasına sahip olursanız artık sevilmeyecek misiniz?

Peki, siz bile olmayan bir şey için finansal zekânızdan ne kadar feragat ediyorsunuz?

Çünkü size şunu sorsam, zihninizin ve gerçek banka

hesaplarınızın ötesinde, para konusunda çok zeki olduğunuzu biliyor musunuz?

Bunu bilmeyen var mı? Gerçek mi?

Sorun değil, başınız belaya girmeyecek. "Parayla aram iyidir." deyin.

Ve eğer tereddüt ediyorsanız, o zaman ne zaman parlak olmayı bıraktınız? Durduğunuzda kim oluyordunuz? Ne oluyorsun? Durduğunuzda ne oluyorsunuz? Hangi yalana inanıyorsun?

Çünkü şöyle bir şey var. Eğer bir zamanlar parayla aranız iyiyse, şu anda da parayla aranız iyidir. Sadece saklı.

Kulağa biraz komplo teorisi gibi geliyor ama bu sadece gerçekliğinizi düzene sokmanın ve sizi aşağıda tutmanın bir yolu. Bu gerçekliğin yaptığı budur. Sizi bir kutuya koyar ve sizden kurtulur. Bu tıpkı daire ve kareleri öğrenmeye başladığınızda oynadığınız çocuk oyuncakları gibi, daireyi alıp kareye çarpmaya çalışırdınız. Bu, 'para kötüdür' ve 'parayla aram iyi değildir' gibi bir şeydir. Bunu tekrar tekrar söyleyip durursunuz ama daire asla karenin içine girmez çünkü daire sizsinizdir. Daire dairenin içine girer çünkü siz zekisiniz. Sen bir çembersin.

Mantıklı mı? Peki, para konusunda zeki misiniz?

Öyle mi? Olmamayı seçtiğiniz şeyin bir derecesinden vazgeçer miydiniz?

Vazgeçmenize neden olan duygu her neyse, okyanusta bir dalgada sörf yapar gibi sörf yapın. Ağzınızdan nefes alın. Duygu, hareket hâlindeki enerji.

Avustralya'da tonlarca para kazanan parlak bir borsa yatırımcısı ile çalışıyorum. Sonra bir şey oldu ve kötü bir "seçim" yaptı ve ondan sonraki her seçim kötü oldu, neredeyse her şeyini kaybettiği noktaya kadar ve çıkmak, altı ay izin almak ve güvenini geri kazanmak için bir sürü kişisel çalışma yapmak zorunda kaldı.

Bu yıkıcıydı – kendisi ve karısı için yıkıcıydı. İkisi de tüccardı ve bir anda artık parlaklıklarını bile duyamıyor ya da algılayamıyorlardı. Gitmişti.

Böyle bir şey olduğunda, her ne sebeple olursa olsun, çünkü hikâyenin önemi yoktur ve kim olduğunuzun antitezini tekrar tekrar seçmeye başlarsınız, aslında kim olduğunuzun antitezine inanmaya başlarsınız. Bir milyon dolar kazandığınızı ya da başarılı olduğunuzu unutuyorsunuz. Sadece para konusunda değil, her konuda. Bana göre bu gerçekliğin en büyük kötüye kullanımı budur.

Sadece siz olduğunuz için sahip olduğumuz tüm muhteşemliği alır ve onu bükerek size benzemeyen başka bir şeye dönüştürür. Sonra aynaya bakarsınız ve

"Sen de kimsin be?" dersiniz. Sonra da "Evet, benim. Bırakın deliğime gireyim. Acınası bir diyarda yaşayacağım."

Bu araçlarla yirmi yıl terapi görmek zorunda değilsiniz. İnanın bana, bazı şeylerden kurtulduğumu biliyorum. Bir daha asla bakmak, hissetmek, tatmak ya da koklamak istemediğiniz şeylere bakmanın ne demek olduğunu biliyorum.

Yine de baktığımda güçlendiğimi biliyorum çünkü artık tamamen net ve bilinçli bir seçim yapabiliyorum. Kişi seçimini görmezden gelmeyi veya unutmayı seçebilir, ancak bu seçim yapma gücünü elinden almaz.

Her zaman eğlenceli olacak mı? Hayır.

Tadı bazen safra gibi mi olacak? Evet. Tadı sadece bir süreliğine safra gibi mi olacak? Evet.

Bir yirmi yılı daha olmadığınız bir şey olarak geçirmek ve anti–sizi yaratmak zorunda değilsiniz. Bugünü ve bundan sonraki her günü kendiniz olarak geçirebilirsiniz. Siz olmak, gerçek siz, ruhunuzun izi– bu parlaklık hepimizin özünde var.

Bedeniniz artık herkesin paraya sahip olma konusundaki isteksizliğine dair yargılarının depolandığı bir kap olmasa iyi olur muydu? Eğer öyleyse yüksek sesle evet deyin...

Dolayısıyla, insanlar etrafınızda bunu yaptığında ve sizi sıkıştırdıklarını hissettiğinizde, "Saçmalıklarınızı bana yüklemeyi bırakın, finansal gerçekliğimi ben seçiyorum" diyebilirsiniz.

Süper güç kalkanınız gibi.

Asla, asla, asla size armağan edilmiş olanı ve sizin için yaratılmış olanı reddetmeyin ya da güçsüzleştirmeyin. Bu gerçeklikte sahip olmak, özellikle para konusunda, çoğu insanın arzuladığı ve asla ulaşamadığı bir düzeyde alma yeteneğidir.

Finansal istismar da dahil olmak üzere istismarlardan arınmış bir dünya için sizin gibi daha fazla varlığa ihtiyacımız var.

Bu nedenle, para kazanmaya devam edin ve arkadaşlarınız gibi insanların sizin farkınızı ve eşsiz kapasitenizi gerçekten bilmelerine, olmalarına, almalarına ve algılamalarına izin vermeye devam edin. Bu bir armağan.

Ortağım paranın içinden geliyor, parayı yönetiyor ve çok parası var. Asla ama asla parasız kalmadı.

Babam vardı ve paramız vardı ama ben hep para için çalıştım. Küçüklüğümden beri çalışıyorum. Ayrıca çok fazla istismar, çok fazla hikâye vardı.

Çalıştığım ajansta pornografik şeylerle dolu parayla ilgili bir modellik geçmişim var. Şu anda anlatamayacağım kadar uzun bir hikâye ama para ve sahip olmakla ilgili bir sürü şey yaşadım. İstemiyordum çünkü istismar ve bunun gibi şeylerle ilişkilendiriliyordu. Parasını hiç görmediğim bir şeyi yapmak için para alıyordum.

Onunla birlikte olmak ve paraya nasıl sahip olunacağını öğrenmek, pragmatik olarak parlaklığa tanıklık etmek, gerçekliğime öyle bir şekilde sızdı ki, daha fazla para düşünmemi, hissetmemi, bilmemi, olmamı ve almamı sağladı – ve sadece onun varlığında bulunarak, tanıklık ederek ve izleyerek parayla ilgili kararlar alma konusunda daha iyi hâle geldim, hatta "Uçakta Wi–Fi almayacağım çünkü 7 dolar ekstra." noktasına kadar.

"Peki, parası olan biri bunu yapmak istemiyorsa, bu nedir? Yani, gerçekten, nedir bu?" Bu bir yargı değil – "Cimrilik yapıyor" gibi değil.

Tüm bunlara gerçekten bakmam ve "Pekâlâ, her yere birinci sınıf mı yoksa business class mı seyahat etmem gerekiyor? Vücudum bundan hoşlanıyor mu?"

Onun sayesinde öğrendiğim çok farklı şeyler var.

Peki, finansal gerçekliğinizi yaratabileceğinizi bildiğinize göre şimdi kim olmak isterdiniz? Kim olurdunuz? Ne yapıyor olurdunuz ve ne kadar üretir ve yaratırdınız? Gerçek mi?

Bugün bu kitabı elinizden bıraktığınızda, finansal gerçekliğinizin ne olduğuna dair 25 şey yazın. Ardından önümüzdeki otuz gün boyunca her gün bunu yaratın. Önümüzdeki otuz gün boyunca bunu yaratmak için bir eylemde bulunun. Başka bir eylemde bulunun, önümüzdeki otuz gün boyunca bunu yaratın.

Siz olun, kendinizi adayın, sizi seçin ve kutsamak için plan yapan evrenle iş birliği yapın ve sonra oradan yaratın. İşte ben buna radikal canlılık diyorum. Bu konuda daha fazla bilgiyi diğer iki kitabımda bulabilirsiniz – *Radically Alive Beyond Abuse* ve *Creating After Abuse*.

26

SİSTEMİK YALANLARI YOK EDİN

Tüm bu yalanları bireysel düzeyde söylediğimiz gibi, sistem düzeyinde de yalanları hissediyoruz. İlginç bir şekilde, San Francisco'daki atlyemde katılımcılardan biri şöyle söyledi,

"ABD dolar sisteminde olduğunuzda bir yalan vardır. Paraya ihtiyacımız var ve parayı kullanıyoruz, ancak Federal Rezerv ve hazine nedeniyle yarattıkları ve daha fazlasını basmaya devam ettikleri para birimi aslında bize karşı işlenen bir sahtekarlıktır, çünkü geleceğimizi ve gelecek neslimizin geleceğini borçlandırmaktadır. Kontrol dışı harcama yapılıyor. Trilyonlarca dolar borcumuz var.

Enerjinin, çalışmamız karşılığında kâğıt para, senet aldığımız yerle bağlantısı nedir, ama bu bir yalan. 1971'de Altın Standardına bağlıydı. Ama bunu bozdular ve kimsenin işine yaramayacak şekilde para bastılar ve şimdi dünyada öyle bir noktadayız ki..."

Ne söylediğini biliyordum, bunda çok fazla doğruluk payı vardı. Ancak endişe duyduğum nokta, söylediklerinin ne kadarını para almaya ve banka hesabında görünmeye karşı direnci ve tepkisi olarak somutlaştırdığıydı?

Bu şekilde bu suçu kendisine karşı kullanıyordu.

Gerçeği söylüyor olsa da kendisine ait olana ve parası olsaydı bunu ortadan kaldırmaya, bu dünyayı değiştirmeye, Monsanto'dan kurtulmaya katkıda bulunabileceği şeye sahip olmasına izin vermeyerek aslında suçun bir parçası hâline gelmişti.

Gerçekleri değiştirmek için paraya sahip olarak ve onu kullanarak bu gezegendeki istismarı ortadan kaldırıyor ve yok ediyoruz. Eğer almazsanız. Çözümün değil, sorunun bir parçası olursunuz.

Etrafımıza bakmalı ve hayatlarımızdaki değişimin temsilcileri olmalıyız. Benim için finansal gerçekliğim bedenimle ilgili. Bedenimi dinlemek gerçekten çok yardımcı oldu. Benim bir finansal gerçekliğim var. Yüzde on çarpı üç hesabım: beden, iş ve kendini onurlandırma hesabı. Buradaki fikir, kazandığınız ve harcadığınız her doların yüzde otuzunu bedeniniz, işiniz ve kendiniz için ayrı bir hesaba kaydetmektir.

Finansal gerçekliğim, ders vermek için davet edildiğim her yere dünyanın dört bir yanına gideceğim anlamına geliyor. Finansal gerçekliğim, yılda otuz bin ila elli bin dolara mal olan bir sevgi emeği olan Voice America radyo programı yapıyor. Bu ücretsiz bir kaynak çünkü Dubai'den, Pakistan'dan, Hindistan'dan, Avustralya'- dan, Hong Kong'dan, İsrail'den ya da her neyse oradan bir telefon aldığımda ve bir kişinin istismar kafesinden çıkıp radikal canlılığa – travmatik yaşamdan orgazmik yaşama geçişine – ulaşmasını sağladığımda o toprak- lara ve o ülkeye dokunduğumu biliyorum.

İnternetin her yerden erişilebilir olduğunu biliyorum ve bu benim finansal gerçekliğimin bir parçası olmaya devam ettiği sürece durmayacağım.

Söylediklerimin ne kadarı parayla ilgili? Bu bölüm kendi gerçekliğinizi yaratmanız için bir hatırlatmadır. Bu kitap kendinizi bir hediye olarak kabul etmeniz içindir. Finansal açıdan, kendinizi bir hediye olarak kabul etmek bir tür öz sevgidir. Kendini sevmek benim finansal gerçekliğimin kurtarıcısıdır. Sahip olmak, almak, biriktirmek, garanti etmek ve tüm gerçekliğimi özgünlük ve sahicilikten yaratmak için çalışmak, ruhsal yaşamımın en yüksek hedefidir. Ve açıkçası, hiçbir zaman benim olmayan sınırlamalardan arınmış bir şekilde Radikal Canlılıkta yaşamayı seçiyorum. Peki ya sen, sevgili okuyucum? Senin kendi finansal gerçekliğin nedir?

Zaman ayırdığınız için çok teşekkür ederim. İlk kez dokunduğum kişiler için, okuduğunuz için teşekkür ederim. Çok iyi tanıdıklarıma da teşekkür ederim. Zamanınıza değer veriyorum. İlginize değer veriyorum. Size değer veriyorum.

Umarım bu okumayı verimli bulmuşsunuzdur. Umarım size bir katkım olmuştur ve yorumlarınızı duymaya can atıyorum.

Kendiniz Olun! Her Şeyin Ötesinde! Sihir Yaratın! ve Gidin, Olun, Yaratın!

SON SÖZ

Giriş bölümünde, elinizde bir altın madeni olduğunu söylemiştim ve umarım şimdi bunun nedenini anlayabiliyorsunuzdur.

Gerçek şu ki, kendi finansal gerçekliğinizin 'kaputunun altına' bakmaya cesaretiniz ve isteğiniz varsa, arzu ettiğiniz tüm parayı yaratmamanız için hiçbir neden yoktur. Ve bu kitapta size bir yol gösterdim ve paranın üç yalanını inceleme sürecine başlamanız için size araçlar verdim.

İlk yalan, paranın tanrı olduğu ve sizin ondan daha az olduğunuzdur.

İkinci yalan ise paranın sizin suçlunuz, ebedi hapishaneniz olduğu ve ona sahip olamayacağınızdır.

Üçüncü yalan ise paranın bir sorun olduğudur.

Ve bu, hiçbir şekilde paranın TÜM yalanları olmasa da başlamanız için yeterlidir.

Unutmayın, sadece bir derece kaydırmanız gerekiyor, değil mi?

Eminim para konusunda yaşadığınız sorunları çözmek için kendinize sorabileceğiniz pek çok derin soru olduğunu fark etmişsinizdir ve umarım bu yazıyı okurken bunları kendinize sormuş ya da tekrar dönmek üzere işaretlemişsinizdir.

(Ancak, bunu yapmadıysanız veya bu konuda daha fazla yardıma ihtiyacınız olduğunu düşünüyorsanız, elimdeki diğer kaynakları listelediğim Ek'e göz atın. Bunlardan çok sayıda var ve hepsi kendi ROAR®'ınıza – radikal, orgazmik, canlı gerçekliğinize – ulaşmanıza yardımcı olmak için tasarlandı).

Ne zaman sıkışırsanız ve kendinizi bundan kurtarmak isterseniz, kendinize bu üç temel soruyu sormaya başlayın:

- *Kim oluyorum?*
  - *Ne oluyorum?*
  - *Gerçek yaptığım hangi yalanı satın alıyorum?*

Ardından, kendiniz için gerçeği keşfettikçe ve

enerjinizi serbest bıraktıkça, yaşamınızda "4 C" ile iler-
lemek isteyeceksiniz:

- *Kendinizi adayın*
  - *Kendinizi seçin*
  - *Evren sizi kutsamak için plan yapıyor ve*
    sizinle İş birliği yapmak istiyor
  - *Kendinizi yaratın*

Önünüzde hafif ve doğru olanı seçmeye başladığınızda
– ve bu enerjiyi takip ettiğinizde – içinizdekiler saye-
sinde para sizi takip edecektir.

Diğerlerine de söylediğim gibi.

Sadece varlığınızla gerçekliği değiştiren yürüyen,
konuşan, tsunami veya deprem olmanız, ROAR® (Radi-
cally Orgasmically Alive Reality) olmanız için size
meydan okuyorum.

Kendiniz olun, her şeyin ötesine geçin ve sihir yaratın.

DR. LİSA İLE TANIŞIN!

Dr. Lisa Cooney, kişisel dönüşümde bir öncüdür!

Lisanslı bir Evlilik ve Aile Terapisti, Usta Teta Şifacısı ve çok yönlü bir dinamo olan Dr. Lisa, Live Your ROAR! Be You! Beyond Anything! Creating Magic!'in ardındaki beyin olarak, sayısız ruha çocukluk dönemindeki mücadeleler gibi zor zamanlardan "Radically Orgasmically Alive Reality" (ROAR®) ilkesini benimsemeye uzanan bir yolculukta rehberlik etmiştir.

Psikoloji alanında doktora yapmış olan ve Reiki, Teta Şifası, Termometri, Nefes Terapisi, Psikodrama, Rüya Terapisi, Sosyal Katılımlı Maneviyat, Kalp Merkezli Hipnoterapi ve Şamanizm temelli Derinlik Hipnozu gibi sıra dışı yeteneklere sahip olan Dr. Lisa, sertifikalı bir uzmandır.

Dr. Lisa'nın sihri, sadece çocukluk sorunlarının değil, aynı zamanda hayati tehlike arz eden bir hastalığın da üstesinden geldiği kendi iyileşme yolculuğundan gelmektedir. Kendisinin dönüştürücü öğretilerinin özünde dört altın ilke vardır: Kendiniz için seçin, Kendinizi adayın, Kozmik lütuflarla iş birliği yapın ve Arzuladığınız hayatı yaratın - kısaca, çarpıcı bir dönüşüm için 4 ilke.

Dünyayı gezen ve rağbet gören bir guru olan Dr. Lisa, dünya çapında dersler, atölyeler ve heyecan verici konuşmalar yapmaktadır. "Ne Olursa Olsun!" mantrasıyla tanınan Dr. Lisa, insanlara sadece hafif ve doğru değil, aynı zamanda son derece keyifli bir hayat için sihirli ve yaratıcı enerji dalgalarını nasıl kullanacaklarını öğretmektedir.

Her hafta binlerce hevesli dinleyiciyle bağlantı kurduğu Voice America Empowerment Channel'daki kendi programında onu bulabilirsiniz. Ayrıca *Radically Alive Beyond Abuse* ve *Creating After Abuse* gibi uluslararası başarı elde etmiş diğer kitaplarını da okuyabilirsiniz.